DAS EINMALEINS DER PFERDE-FÜTTERUNG

Teresa Hollands

DAS EINMALEINS DER PFERDE-FÜTTERUNG

Richtige Fütterung für gesunde, leistungsfähige Pferde

Kosmos

Titel der englischen Originalausgabe:
Feeding and Watering
erschienen 1994 bei The Crowood Press Ltd,
Ramsbury
(ISBN 1-85223-809-7)
© The Crowood Press Ltd 1994

Aus dem Englischen von Bettina Borst
Fachliche Beratung: Dr. med. vet. Jürgen K. Bartz

Mit 20 Farbfotos von Lothar Lenz (1), Angelika
Schmelzer (1), Christiane Slawik (1), Sabine
Stuewer (6) und Cornelia Koller (10) sowie 52
Schwarzweißzeichnungen von Hazel Morgan

Umschlaggestaltung durch Atelier Jürgen
Reichert, Stuttgart, mit Fotos von Lothar Lenz
(Rückseite) und Sabine Stuewer (Vorderseite).

Die Deutsche Bibliothek – CIP-Einheitsaufnahme

Hollands, Teresa:
Das Einmaleins der Pferdefütterung : richtige
Fütterung für gesunde, leistungsfähige Pferde /
Teresa Hollands. [Aus dem Engl. von Bettina
Borst]. – Stuttgart : Kosmos, 1997
   Einheitssacht.: Feeding and watering <dt.>
   ISBN 3-440-07320-3

Für die deutschsprachige Ausgabe:
© 1997, Franckh-Kosmos Verlags-GmbH & Co.,
Stuttgart
Alle Rechte vorbehalten
ISBN 3-440-07320-3
Printed in Germany/Imprimé en Allemagne
Satz: Utesch Satztechnik GmbH, Hamburg
Druck und Binden: Huber KG, Dießen

Das Einmaleins der Pferdefütterung

Einführung

»Der Mensch lebt nicht vom Brot allein« – Pferde und Ponys sind zwar von der Entwicklungsgeschichte her dazu vorgesehen, sich hauptsächlich von Rauhfutter (Gras) zu ernähren, aber die heutige Art der Pferdehaltung, Leistungsanforderungen und die Veränderungen der natürlichen Umwelt bewirken, daß sie nicht immer nur von Gras leben können.

Traditionsgemäß wird die Pferdefütterung eher als eine Kunst gesehen denn als eine Wissenschaft, aber allmählich erkennt man doch, daß wissenschaftliche Ergebnisse bei der Pferdefütterung trotzdem eine wichtige Rolle spielen. Dennoch bleibt das Wissen über die Kunst des Fütterns wichtig. Was ein Pferd mag und was es nicht mag, wie man Futter guter Qualität erkennt, wie und wann man füttert, solche Kenntnisse kann man sich durch Erfahrungen aneignen.

Dieses Buch richtet sich an Menschen, die nicht auf dem Pferderücken aufgewachsen sind und sich ein grundlegendes Verständnis von der Wissenschaft und einen Zugang zur Kunst der Fütterung verschaffen wollen, um ihre Pferde gesund und artgerecht zu ernähren.

Die Bedeutung der Fütterung

Alle Lebewesen brauchen Struktur- und Betriebsstoffe für ihren Körper. Das Herz etwa ist ein Muskel, der auf ständige Energiezufuhr angewiesen ist; aber auch für das Wachstum und zur Erneuerung von Körperzellen braucht man Energie und Strukturstoffe. Daraus ergibt sich, daß Pferde ausreichend mit Energie, Eiweiß, Vitaminen, Mineralstoffen und Spurenelementen versorgt werden und natürlich auch Zugang zu sauberem Wasser haben müssen.

Die Methodik der Pferdefütterung und die Gründe für das Einhalten bestimmter Regeln kann man nur dann verstehen, wenn man einige Kenntnisse über Bau und Funktion der Verdauungsorgane des Pferdes besitzt.

Das Verdauungssystem

Das Futter des Pferdes besteht aus vielen biochemischen Bestandteilen. Durch mechanische Zerkleinerung (Kauen) sowie chemischen (Enzyme) und bakteriellen Abbau wird das Futter in kleinste Partikel zerlegt, so klein, daß sie durch die Darmwand in das Blut gelangen können. Diese winzigen Stücke werden dann im Körper wieder zu größeren Einheiten zusammengebaut: zu Eiweiß, Kohlenhydraten und Fetten. Dieser Vorgang wird als Verdauung bezeichnet.

Die Verdauung beginnt im Maul. Pferdeartige haben sehr bewegliche Lippen und sortieren damit ihr Futter. Von allen grasfressenden Tieren sind sie die einzigen, die das Gras tatsächlich abbeißen und kauen, bevor sie es hinunterschlukken. Kühe drücken das Gras mit der Zunge gegen den verhornten Teil des Gaumens und schlucken die Büschel im Ganzen hinunter.

Ein Pferd kaut an einem Kilogramm Heu 3000–6000mal, an einem Kilogramm Kraftfutter dagegen nur 1000mal. Daher ist die Einspeichelung von Rauhfutter besser als diejenige von konzentrierten Futtermitteln.

Speichel produziert das Pferd nur, wenn es tatsächlich kaut – ihm läuft nicht das Wasser im Munde zusammen, wenn es weiß, daß es jetzt Futter bekommt. Deshalb ist es wichtig, daß das Pferd sein Futter so gründlich wie möglich kaut.

Der Speichel des Pferdes enthält keine Amylase. Das ist eine chemische Sub-

Bewegungsrichtung der Kiefer beim Fressen. Haken können sich bilden, wenn die Zähne vorne oder hinten nicht genau aufeinander greifen.

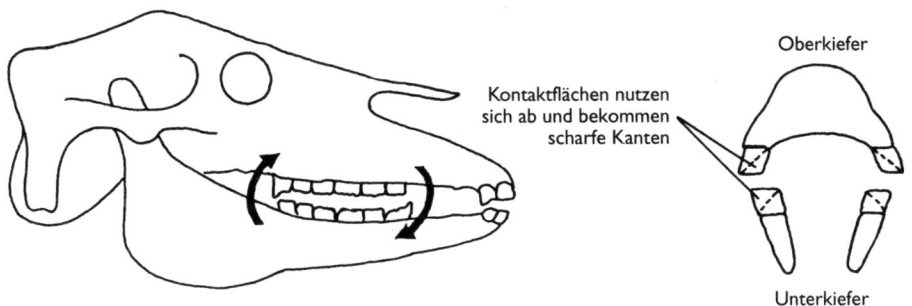

Kontaktflächen nutzen sich ab und bekommen scharfe Kanten

Oberkiefer

Unterkiefer

Konzentriertes Futter, etwa Pellets, sollte man immer mit Häcksel vermischen. Pferde kauen Pellets schneller als Müslifutter.

stanz, die das erste Glied bei der Verdauung der Stärke darstellt. Das natürliche Futter des Pferdes vor der Domestikation enthielt nur wenig Stärke.

Speichel ist aus folgenden Gründen wichtig:
- Er macht das Futter gleitfähig und verhindert damit Schlundverstopfungen.
- Er liefert Bicarbonat-Ionen (Elektrolyte) zum Erhalt des Säure-Basen-Gleichgewichtes im Körper.
- Er puffert das Futter beim Eintritt in das saure Magenmilieu.

Aufbau des Verdauungssystems (Ansicht von links).

Sobald das Futter zu Teilchen von 1 bis 2 mm Größe zerkaut worden ist, wird die flüssige Masse hinuntergeschluckt und gelangt durch die Speiseröhre in den Magen.

Ein Pferdemagen ist klein: Er faßt nicht mehr als 2,5 kg Futter auf einmal. Eine Schaufel Futter quillt durch die Vermischung mit Speichel und Magensäften soweit auf, daß sie fast den gesamten Magen des Pferdes füllt.

Pferde haben so kleine Mägen, weil ihre erste Verteidigungsreaktion die Flucht ist. Sie müssen in der Lage sein, vor Raubtieren wegzulaufen, und das geht am besten, wenn sie nicht durch das überflüssige Gewicht eines vollen, schweren Magens behindert werden.

Für die reiterliche Nutzung ist diese Tatsache ein glücklicher Umstand: Andere Pflanzenfresser wie Kühe oder Nashörner könnten wir aufgrund ihres Wiederkäuermagens sicher nicht zum Springreiten einsetzen!

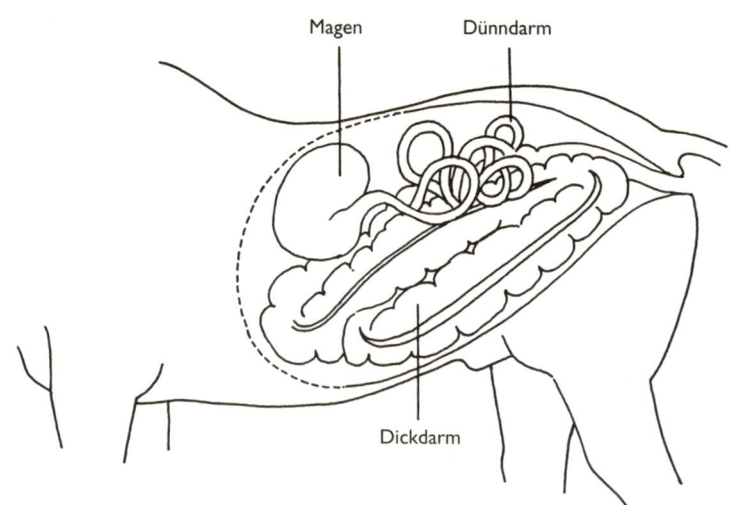

Magen   Dünndarm

Dickdarm

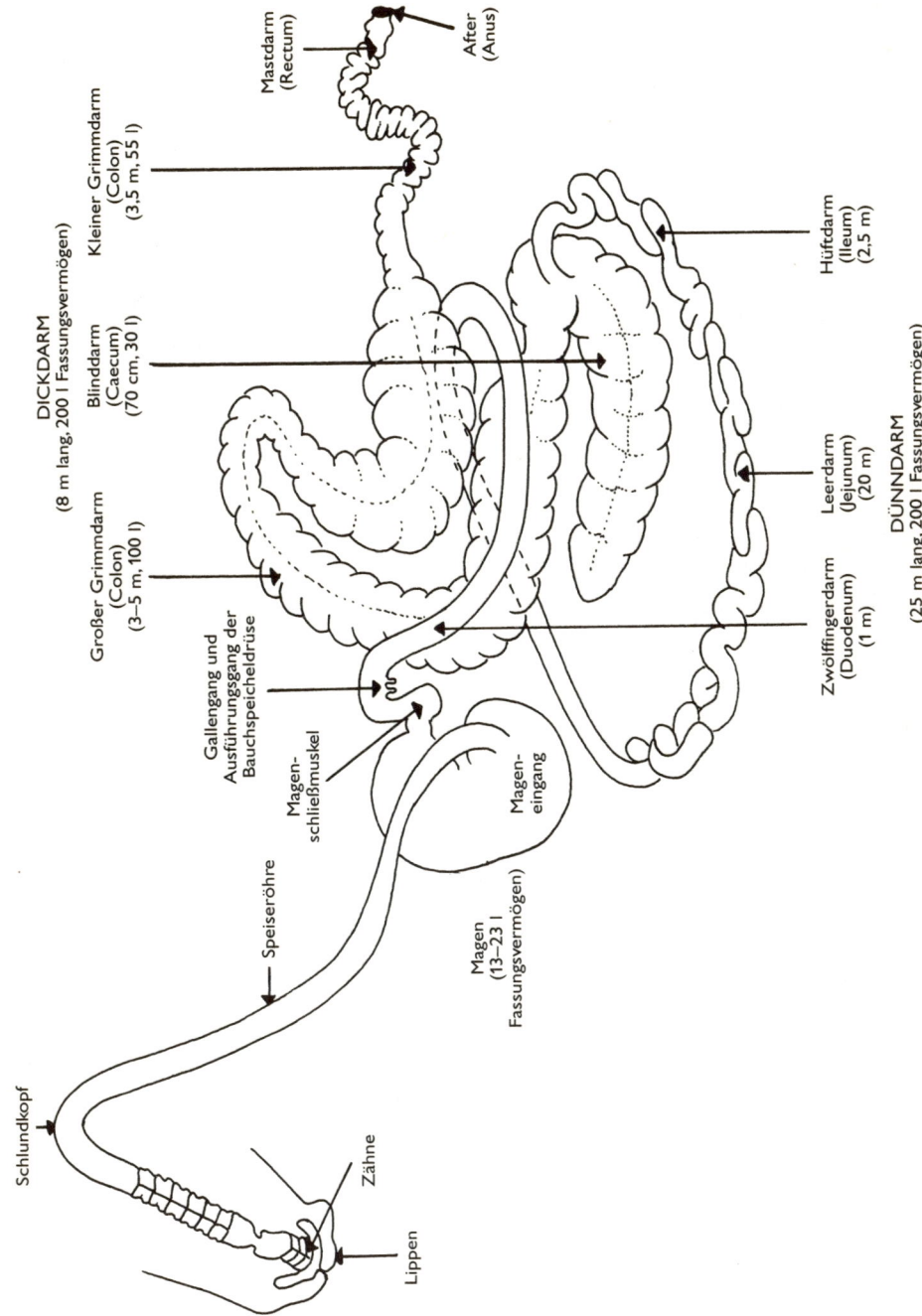

Mastdarm (Rectum)

After (Anus)

Hüftdarm (Ileum) (2,5 m)

Kleiner Grimmdarm (Colon) (3,5 m, 55 l)

DICKDARM (8 m lang, 200 l Fassungsvermögen)

Blinddarm (Caecum) (70 cm, 30 l)

Leerdarm (Jejunum) (20 m)

Großer Grimmdarm (Colon) (3–5 m, 100 l)

DÜNNDARM (25 m lang, 200 l Fassungsvermögen)

Gallengang und Ausführungsgang der Bauchspeicheldrüse

Zwölffingerdarm (Duodenum) (1 m)

Magenschließmuskel

Mageneingang

Speiseröhre

Magen (13–23 l Fassungsvermögen)

Schlundkopf

Zähne

Lippen

Dem Pferd bleibt zur Verdauung und Aufnahme der Nährstoffe (Absorption) seiner gesamten Futterration (ausgenommen Rohfaser) in das Blut weniger als eine Stunde. Das ist die Zeit, in der das Futter Magen und Dünndarm passiert. Wenn der Magen überfüllt ist, wird das Futter schneller durch den Dünndarm geschoben. Daraus entstehen oft Verdauungsprobleme, Koliken, Hufrehe oder Leistungsmängel.

Eine geringe Menge des in der Nahrung enthaltenen Eiweißes wird schon im Magen abgebaut, ebenso wie hier bereits ein kleiner Teil der bakteriellen Zersetzung stattfindet. Das Futter verbleibt in der Regel etwa 20 Minuten im Magen, nur bei einigen wenigen Futtermitteln dauert die Magenpassage bis zu zwei Stunden. Danach wird die dünnflüssige Masse in den Dünndarm weitergeleitet. Im Dünndarm wird der Nahrungsbrei von verschiedenen biochemischen Stoffen angegriffen und zu Molekülketten abgebaut, die klein genug sind, um durch die Darmwand in die Blutgefäße zu gelangen.

Die abbauenden Stoffe (Enzyme) zerlegen Kohlenhydrate (Stärke) in Glukose und Einfachzucker, bauen Eiweiße zu Aminosäuren ab und Fette zu Fettsäuren. Pferde sind von Natur aus nicht auf die Verdauung größerer Kohlenhydratmengen eingestellt. Eine Überfütterung mit zu großen Portionen führt daher oft zu Fehlgärungen und anderen Problemen.

Der gesamte Verdauungsvorgang im Magen und Dünndarm ist innerhalb von einer Stunde abgeschlossen.

Alle Futterbestandteile, die im Dünndarm nicht verdaut wurden (hauptsächlich handelt es sich dabei um Rohfaser), wandern weiter in den Dickdarm.

Der Dickdarm ist praktisch eine große Gärkammer. Er ist voller Mikroorganismen, die Rohfaser abbauen und als Nährstoffquelle nutzen können. Bei diesem Rohfaserabbau stellen sie B-Vitamine her und setzen Energie frei, die dann wiederum vom Pferd genutzt wird. Im Dickdarm kann das Futter bis zu 60 Stunden verbleiben. Pferde sind eigentlich Rauhfutterfresser und verbringen in der Natur den größten Teil ihrer Zeit mit Fressen und Verdauen. Die unverdaulichen Reste des Futters werden als Kot aus dem Körper ausgeschieden.

Grundnährstoffe

Am wichtigsten für jedes Lebewesen sind Energie und Eiweiße. Sie werden aus den Futtermitteln absorbiert und im Körper hergestellt: aus Kohlenhydraten, Eiweiß-stoffen und Fetten. Hauptenergiequellen beim Pferdefutter sind Kohlenhydrate (Stärke, Zucker), die besonders im Getreide in konzentrierter Form vorkomm-

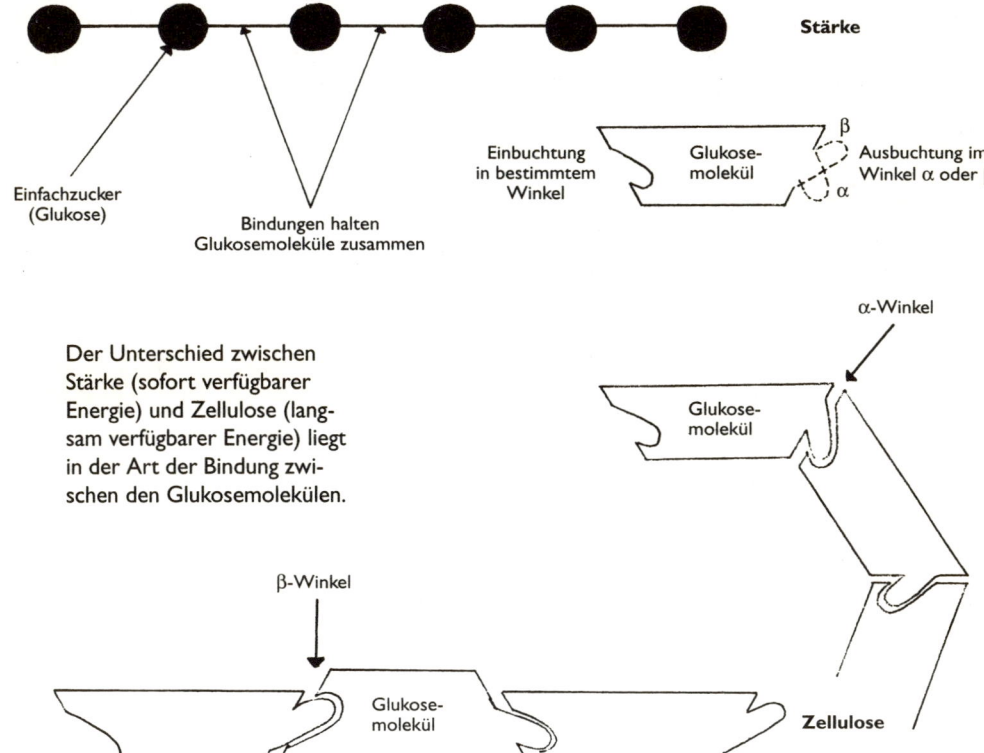

Stärke

Einfachzucker (Glukose)

Bindungen halten Glukosemoleküle zusammen

Einbuchtung in bestimmtem Winkel

Glukose-molekül

β

α

Ausbuchtung im Winkel α oder β

Der Unterschied zwischen Stärke (sofort verfügbarer Energie) und Zellulose (langsam verfügbarer Energie) liegt in der Art der Bindung zwischen den Glukosemolekülen.

α-Winkel

Glukose-molekül

β-Winkel

Glukose-molekül

Zellulose

Der Aufbau der Fette

men. Pferde können Stärke (Zucker) sehr effektiv verdauen. Dieser Umstand ist aus energetischen Gründen zwar günstig, bedeutet jedoch auch, daß man mit der Verfütterung größerer Mengen vorsichtig sein muß. Es entstehen dann leicht Fehlgärungen, die zu schweren Verdauungsproblemen führen können.

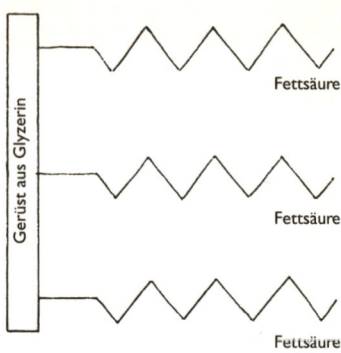

Kohlenhydrate

Stärke und Rohfaser (Zellulose) bestehen aus Glukose. Der Unterschied zwischen Stärke (Getreidezucker) und Zellulose (Pflanzenzucker) besteht in der Art der Bindung zwischen den Zuckermolekülen. Glukose wird für die Muskelarbeit und als Energiespender für alle anderen Körperfunktionen gebraucht.

Eiweiße

Sie werden für den Gewebeaufbau, die Zellerneuerung, Milcherzeugung und Muskelentwicklung benötigt. Eine gute Energiequelle sind sie nicht. In jedem Eiweißmolekül können ungefähr zwanzig verschiedene Aminosäuren vorkommen.

Fette

Fette stellen eine weitere Energiequelle für Pferde dar. Die Energie aus Fett wird langsam freigesetzt, ebenso wie die aus Rohfaser, und kann daher das Verdauungssystem kaum durcheinanderbringen. Fette und Öle sind aus verschiedenen Fettsäuren aufgebaut und enthalten zweieinhalbmal soviel Energie wie dasselbe Gewicht an Kohlenhydraten.

Das tierische Fett Talg enthält 50 % gesättigte Fettsäuren und 50 % ungesättigte Fettsäuren. Das pflanzliche Sojaöl enthält 10 % gesättigte Fettsäuren und 90 % ungesättigte Fettsäuren.

Pferde können Fette wirkungsvoll verdauen, dabei aber pflanzliche besser als tierische.

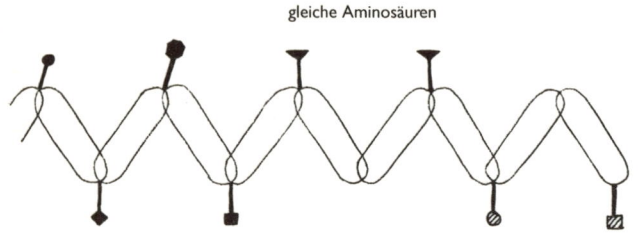

gleiche Aminosäuren

verschiedene Aminosäuren

Eiweiß wird im Körper des Pferdes auf verschiedenen Wegen aufgebaut und hat unterschiedliche Aufgaben.

Vitamine, Mineralstoffe und Spurenelemente

Vitamine

Pferde benötigen Vitamine aus demselben Grund wie Menschen. Vitamine regeln viele Stoffwechselvorgänge im Körper, sie steuern Wachstum und Entwicklung und gewährleisten Gesundheit und Leistungsfähigkeit.

Einige Vitamine, etwa E und K, können im Dickdarm von Bakterien hergestellt werden, wenn das Pferd genug Grundfutter bekommt. Vitamin D entsteht durch die Einwirkung von Sonnenlicht in der Haut, und Vitamin C wird ebenfalls im Körpergewebe aufgebaut. Die anderen Vitamine hingegen müssen mit der Nahrung zugeführt werden. Sie werden nur in

kleinen Mengen benötigt, und dennoch ist es lebenswichtig, daß sie immer in ausreichendem Maße zur Verfügung stehen. Das gilt insbesondere für die wasserlöslichen Vitamine der B-Gruppe, die der Körper nicht speichern kann. Die fettlöslichen Vitamine hingegen, vor allem das Vitamin A, werden im Körper gespeichert. Daher können zeitweilige Unterversorgungen überbrückt werden. Bei einer Überversorgung besteht jedoch aus demselben Grund das Risiko einer Überspeicherung und eventueller Schadwirkungen.

Die folgende Tabelle gibt an, wofür die einzelnen Vitamine benötigt werden und wie das Pferd seinen Bedarf daran decken kann.

Vitamin	Bedeutung	Vorkommen
A	Nachtsehen, Nervenfunktion, Immunsystem	Gras, frisches Heu
D	Knochenaufbau, Absorption von Kalzium und Phosphor aus dem Darm	sonnengetrocknetes Futter, Sonneneinstrahlung
E	Muskelfunktion, Antioxidans, Beteiligung am Fettstoffwechsel	Getreide, Getreidekeime
K	Blutgerinnung	Eigensynthese im Dickdarm, Weidegras, Heu
C	Immunsystem, Muskelfunktion, Antioxidans	Eigensynthese im Körper aus Glukose
B1 (Thiamin)	Kohlenhydrat- und Fettstoffwechsel	Eigensynthese im Körper, Getreide und Grünfutter
B2 (Riboflavin)	Stoffwechsel allgemein, Hautregeneration	Eigensynthese im Darm
B12 (Kobalamin)	Zellstoffwechsel, bei Verfütterung großer Kraftfuttermengen	Eigensynthese im Darm, dazu ist Kobalt erforderlich
B6	Abbau von Kohlenhydraten, Fetten und Eiweißen, Bildung von Hämoglobin	Eigensynthese im Darm
Folsäure	Vorbeugung gegen Anämie, arbeitet mit B12 zusammen	Leguminosen
Biotin	Fettaufbau, Struktur von Hufen und Horn	Mais, Hefe, Sojabohnen, Grünfutter

Oben: Freßgitter ermöglichen bei Gruppenhaltung eine sparsame Heufütterung und reduzieren den Futterneid.

Unten: Bodenfütterung im Auslauf verschwendet einen Teil des Rauhfutters.

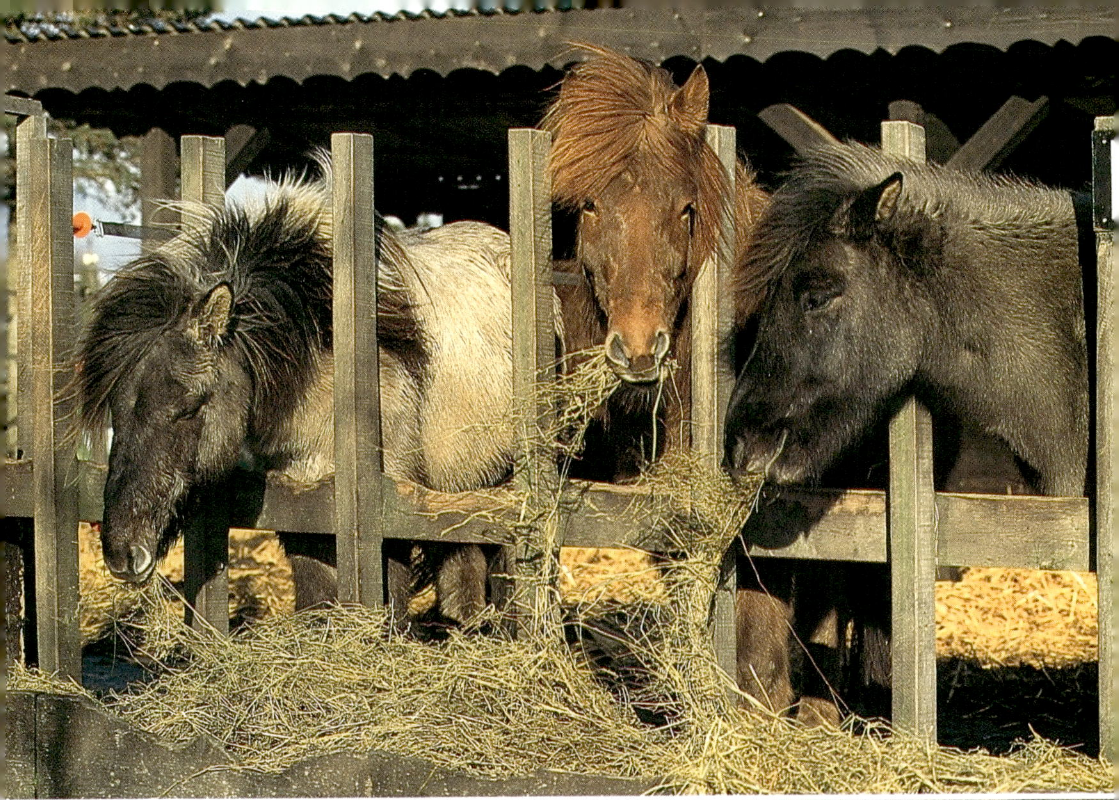

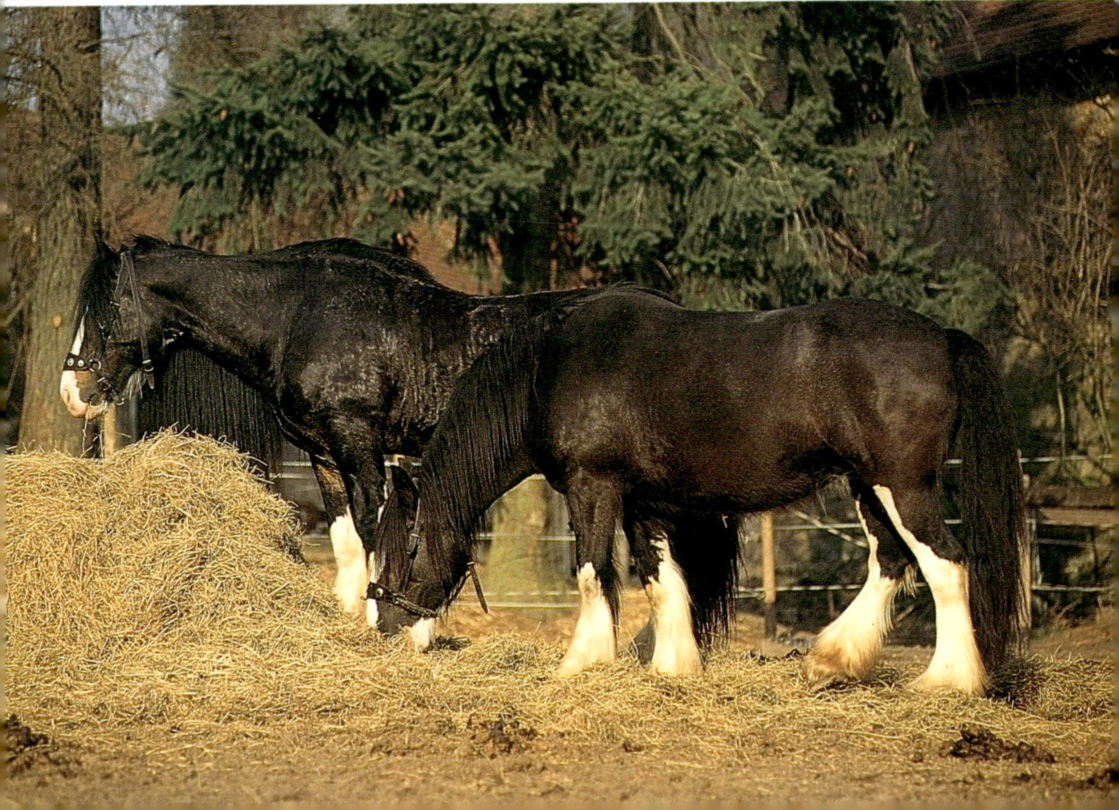

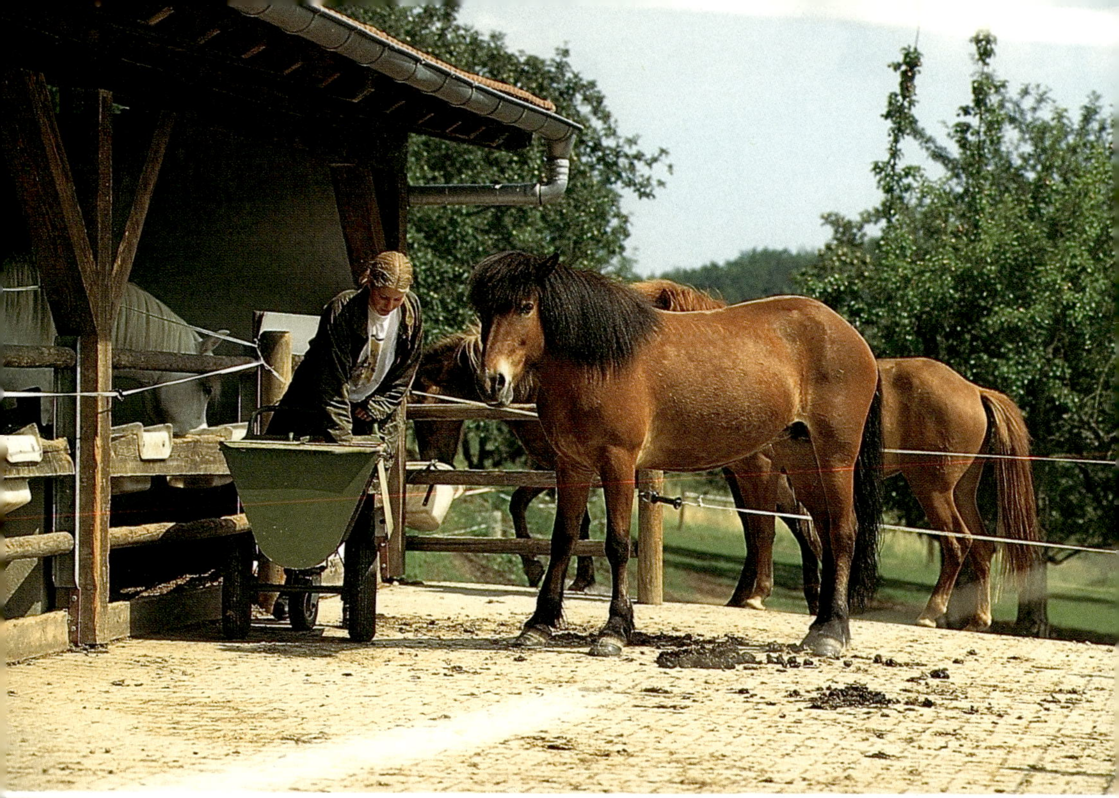

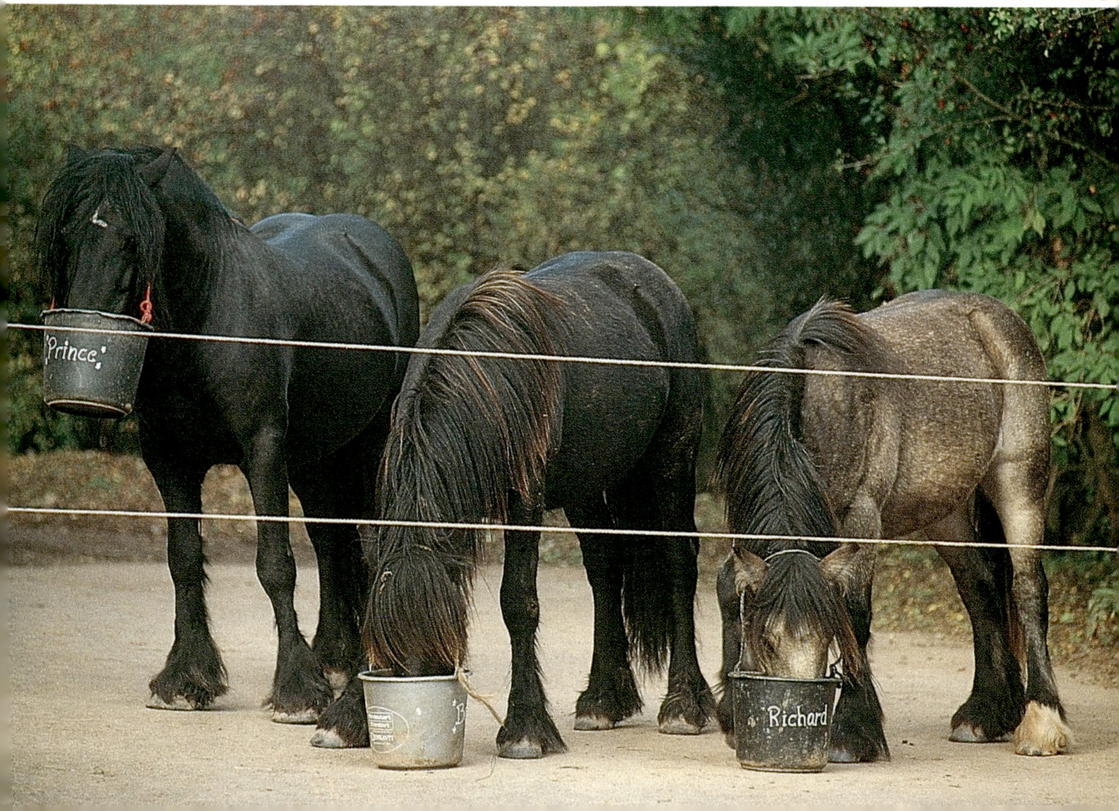
Prince
Richard

Oben: Auch im Offenstall müssen alle Pferde ihr Futter in Ruhe fressen können. Dafür sollten genügend Abtrennungsmöglichkeiten zur Verfügung stehen.
Unten: Das Umhängen der Futtereimer gewährleistet, daß jedes Pferd sein Kraftfutter ungestört aufnehmen kann und ranghohe Schnellfresser die untergeordneten Tiere nicht belästigen.

Mineralstoffe

Mineralstoffe sind überall im Körper zu finden und haben, wie die Vitamine, eine wesentliche Bedeutung für alle Lebensfunktionen. Die folgende Tabelle faßt die Funktionen der Mineralstoffe im Körper zusammen.

Mineralstoff	Bedeutung	Vorkommen
Kalzium (Ca)	Knochenaufbau, Erhaltung starker, ausgewachsener Knochen, Funktion von Nerven und Muskeln, Milchproduktion der säugenden Stute	Luzerne, Kalk, Milch, Grünfutter
Phosphor (P)	ergänzt sich mit Kalzium, wird für dieselben Stoffwechselvorgänge benötigt	Hafer, Gerste, Mais
Magnesium (Mg)	Aufbau und Erhaltung von Knochen und Zähnen, Muskelkontraktion, Elektrolyt	Milch, Leguminosen, Kleie, Leinsamen
Natrium (Na)	Nervenfunktion	Grünfutter, Heu, Gras
Chlor (Cl)	Muskelstoffwechsel	
Kalium (K)	Konstanthaltung der Körperflüssigkeiten (Elektrolytwirkung)	Heu

Spurenelemente

Im Vergleich zu Mineralstoffen werden von den Spurenelementen nur geringe Mengen benötigt, aber sie sind trotzdem wichtig.

Spurenelemente steuern wichtige Stoffwechselvorgänge im Körper, etwa die Bildung des roten Blutfarbstoffs, den Knochenaufbau und die Regelung hormoneller Abläufe. Dabei nehmen sie eine Schlüsselstellung ein: Das völlige Fehlen eines Spurenelementes kann eine Körperfunktion vollständig zum Erliegen bringen, obwohl alle anderen dafür erforderlichen Stoffe in ausreichender Menge zur Verfügung stehen. Spurenelemente werden aus den Futterpflanzen aufgenommen. Ihr Anteil in der natürlichen Nahrung des Pferdes ist daher – wie auch bei den Mineralstoffen – von der Qualität der Böden abhängig, auf denen das Pferdefutter angebaut wird und damit auch von der Düngung.

Spurenelement	Bedeutung	Vorkommen
Eisen (Fe)	Bildung von Hämoglobin, Enzymbildung	in vielen Futtermitteln
Kupfer (Cu)	Bildung von Hämoglobin, Pigmentierung (Färbung) von Wolle und Haar, Knorpelbildung	Kräuter, Samen, Getreide
Zink (Zn)	gesunde Haut, gesundes Haarkleid, Knochenbildung, Milchproduktion	Hefe, Kleie, Getreidekeime
Mangan (Mn)	Enzymfunktion, Energiestoffwechsel, Abbau von Fett und Eiweiß	Grünfutter, Weizenkleie
Kobalt (Co)	zur Produktion von Vitamin B12	Weide, Grünfutter
Jod (I)	Schilddrüsenfunktion, Hormonproduktion	Seetang, Seesalz
Selen (Se)	Muskelstoffwechsel, Antioxidans, arbeitet mit Vitamin E zusammen	Pflanzen

Wasser

Wasser wird in der Liste der notwendigen Nährstoffe oft vergessen, obwohl es von größter Wichtigkeit ist. Pferden sollte immer sauberes, frisches Wasser zur Verfügung stehen. Ein Pferd ohne Wasserversorgung wird sehr bald aufhören zu fressen, besonders bei sommerlichen Temperaturen und starker Arbeitsbelastung. Ein Wassermangel von acht Prozent des normalen Bestandes führt zu ersten Gesundheitsstörungen; ab 15 Prozent kommt es zur Dehydratation, also einer lebensgefährlichen Austrocknung, und möglicherweise zum Tod.

Wieviel Wasser ein Pferd trinkt, hängt davon ab, wieviel Wasser im Futter enthalten ist: Gras enthält 80 Prozent Wasser, Kraftfutter und Heu enthalten 12–15 Prozent. Ein Pferd, das eine Heuration erhält, wird also mehr Wasser trinken müssen als eines, das frisches Gras bekommt.

Pferde trinken am liebsten kühles, sauberes Wasser und können, z. B. in der Turniersaison, verschiedene Orte durchaus am Geschmack des Wassers unterscheiden. Tröge und Wassereimer sollten regelmäßig gereinigt werden, damit das Wasser nicht verdirbt.

Wenn es sehr kalt ist, darf man nicht vergessen, das Eis auf dem Wassertrog aufzuschlagen. Es kann nötig sein, das zweimal am Tag zu machen. Als Alternative kann man heißes Wasser in Eimern bereitstellen und diese mindestens zweimal am Tag auswechseln.

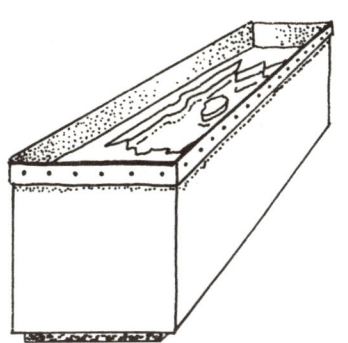

Wassermangel

Wassermangel hat eine Reihe von Auswirkungen. Er vermindert Futteraufnahme und Wachstum, führt zu einer Austrocknung des Körpers, die lebensgefährlich sein kann, und verlangsamt die Geschwindigkeit, mit der das Futter den Darm passiert. (Um aus dem Darm aufgenommen zu werden, müssen sich die Nährstoffe in wäßriger Lösung befinden.) Dadurch verschlechtert sich die Verdauung, und es können Koliken entstehen.

Siebzig Prozent des Körperge-
wichts eines erwachsenen Pferdes
besteht aus Wasser. So enthält z. B.
ein Pony von 147 cm Stockmaß,
das 400 kg wiegt, 280 kg Wasser.
Knochen, Gewebe, Muskeln und
Fett wiegen also nur 120 kg.

Wann soll man tränken?

Wasser sollte immer zur Verfügung stehen: Dann können die Pferde vor, während oder nach dem Füttern trinken,
ohne daß ihre Verdauung beeinträchtigt
wird. Wenn Wasser nicht ständig verfüg-
bar ist, sollte man es vor dem Füttern anbieten. Erhitzte, ermüdete Pferde dürfen
keine großen Wassermengen saufen. Statt

Es ist wichtig, den Wassertrog am richtigen
Ort aufzustellen.

dessen läßt man das Pferd zunächst gra-
sen, bietet ihm 30 Minuten lang feuchtes
Heu an oder tränkt es alle fünf bis zehn
Minuten mit zwei bis drei Litern Wasser.
Nach einer halben Stunde kann das Pferd
dann nach Belieben saufen.

Wie soll man tränken?

Auch auf der Weide sollte dem Pferd ständig sauberes, frisches Wasser zur Verfügung stehen. Bietet man Wasser aus Trö-
gen an, stellt man diese so auf, daß sie
nicht in die Weide hineinragen, denn
sonst stellen sie ein Hindernis mit erheb-
licher Verletzungsgefahr dar. Aus ähnlichen Gründen sollte man die Tröge regelmäßig überprüfen und sicherstellen,
daß sie keine scharfen Kanten haben sowie Verschmutzungen aus dem Wasser
entfernen. Ideal ist es, wenn sich am Boden des Troges ein Stöpsel befindet, so
daß man das Wasser regelmäßig ablassen
und das Gefäß ausbürsten kann. Sonst

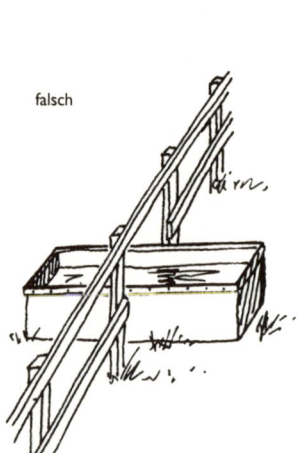

falsch

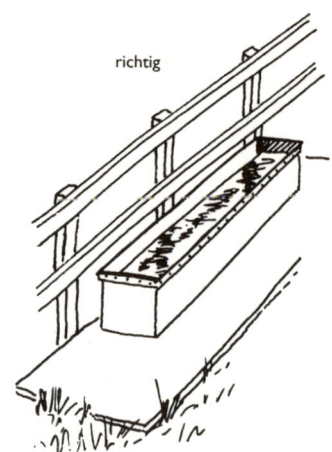

richtig

Nicht arbeitende Pferde saufen täglich pro 100 kg Körpergewicht etwa fünf Liter Wasser. Ein Pony von 200 kg wird also 10 Liter saufen, ein Pferd von 500 kg 25 Liter.

Arbeitende Pferde saufen bis zu drei-mal mehr Wasser, besonders bei hohen Außentemperaturen. Dann brauchen Großpferde bis zu 70 Liter Wasser pro Tag. Säugende Stuten nehmen etwa zwei- bis dreimal so viel Wasser auf wie nicht arbeitende Pferde.

muß man das Wasser zum Säubern mit einem Saugheber entfernen. Auch automatische Tränken müssen täglich mindestens einmal auf Verschmutzungen und etwaige Störungen der Mechanik kontrolliert werden. Ist ein Schwimmermechanismus vorhanden, der den Wasserzulauf regelt, muß dieser immer abgedeckt sein, so daß die Pferde nicht daran herumspielen können. Es kann sinnvoll sein, Wassertröge und andere Tränkanlagen, sofern dies möglich ist, auf eine Betonplatte zu stellen. Dann wird der Boden in diesem Bereich weniger zertrampelt.

Sich bildendes Eis sollte im Winter mindestens zwei-, besser dreimal am Tag aufgeschlagen werden. Für größere Pferdegruppen verwendet man mit Vorteil zwei oder mehr Tröge, damit alle Tiere in Ruhe ausreichend trinken können. Zugefrorene natürliche Gewässer auf der Weide können eine erhebliche Gefahrenquelle darstellen: Bei fehlender Wasserversorgung versuchen die Pferde zunächst, die Eisfläche mit Maul oder Hufen einzudrücken, bei Erfolglosigkeit dieser Maßnahmen gehen sie auf die Eisfläche hinaus und können dann bei entsprechender Größe des Gewässers einbrechen.

Für stallgehaltene Pferde gibt es zwei Methoden, Wasser zur Verfügung zu stellen: die Eimertränke und die automa-

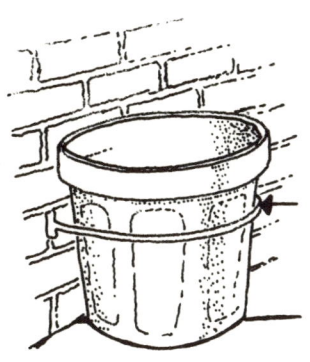

Metallring um den Eimer herum

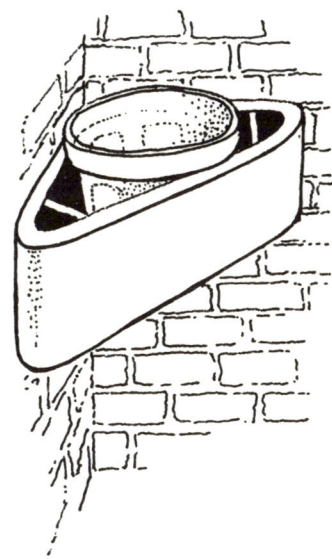

Wenn man die Eimer gut befestigt, so daß die Pferde sie nicht umstoßen können, kann man die Einstreu leichter trockenhalten!

tische Tränke. Wenn man sich für Eimer entscheidet und diese auf den Boden stellt, sollte man die Henkel entfernen und eine Vorrichtung vorsehen, die verhindert, daß die Eimer umgestoßen werden können. Eine gute Methode ist es, den Eimer in einen Autoreifen zu stellen. Man kann ihn auch auf Schulterhöhe des Pferdes anbringen und dazu entweder in einen Eimerhalter oder in die Futterkrippe stellen. Auf dieser Höhe braucht man die Henkel nicht zu entfernen.

Die zweite Methode sind automatische Tränkebecken. Diese Halterung spart viel Zeit, vor allem bei der Versorgung mehrerer Pferde. Sie hat aber auch ihre Nachteile. Man kann den Wasserverbrauch des einzelnen Pferdes nicht kontrollieren, manche Tiere mögen das Geräusch des Tränkebeckens nicht und weigern sich zunächst, daraus zu trinken, und im Winter kann das Wasser einfrieren. Die Zuleitungsrohre müssen daher isoliert oder das Becken beheizt werden.

Es ist wichtig, den Wasserverbrauch seines Pferdes immer zu kontrollieren. Säuft das Pferd weniger als sonst, sollte man die Ursachen klären.

Fütterungsregeln

Die Fütterungsregeln richten sich nach dem Verdauungssystem des Pferdes. Man sollte versuchen, den täglichen Fütterungsplan so naturnah wie möglich zu halten. Dazu ist es wichtig, zwei Grundtatsachen im Auge zu behalten: Die Zähne des Pferdes sind zum Graskauen geschaffen, und das Pferd hat ein natürliches Kaubedürfnis. Wenn man sich an diese Grundregeln hält, ist es unwahrscheinlicher, daß man mit seinem Pferd körperliche oder seelische Probleme bekommt. Unabhängig von der Arbeitsbeanspruchung, dem Temperament und der Art des Pferdes sollte man deshalb die Grundregeln einhalten, die in diesem Kapitel vorgestellt werden.

Wenig und oft füttern

Das Verdauungssystem des Pferdes ist darauf ausgelegt, ständig mit kleinen Futtermengen beschäftigt zu werden. Um Probleme zu vermeiden, sollte man so füttern, wie Pferde sich auch in der freien Wildbahn ernähren würden, wo sie 18

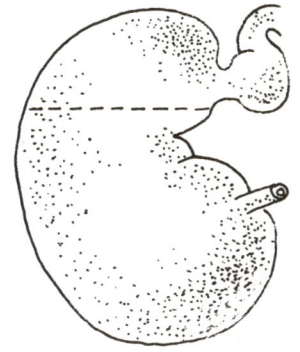

Wenn eine Schaufel voller Futter mit Speichel und Magensaft vermischt ist, füllt sie den Magen eines 500 kg-Pferdes fast zur Hälfte.

von 24 Stunden mit Fressen verbringen. Im Englischen heißt diese Art der Fütterung »Tröpfchenfütterung«, weil ständig kleine Futtermengen durch den Darm »tröpfeln«.

Der Magen des Pferdes ist sehr klein und hat keine große Speicherkapazität für Futter. Ein Großpferd von 500 kg hat einen Magen, der nur etwas größer als ein Fußball ist. Das Fassungsvermögen dieses Magens liegt bei etwa zehn Litern, was ungefähr einem halbvollen 5-kg-Eimer mit Futter entspricht, bevor dieses Futter durch Speichel und Magensaft aufgequollen ist. Der Magen eines Ponys ist natürlich entsprechend kleiner.

Wird der Magen durch zu große Futterportionen überladen, erhöht sich die Passagegeschwindigkeit im Verdauungstrakt erheblich. Das Futter kann dann nicht richtig verdaut werden. Bei überladenem Magen gelangt unverdaute Futterstärke in den Dickdarm. Im Dickdarm siedeln Millionen von Bakterien, die das Futter für das Pferd abbauen und aufschließen. Nützliche Bakterien sterben in dieser Situation jedoch ab, weil sie unter den Bedingungen, die von größeren Mengen unverdauter Stärke hervorgerufen werden, nicht leben können, und schädliche Bakterien vermehren sich. Dadurch werden Giftstoffe erzeugt, die zu Magenschmerzen, Kolik, Hufrehe, angelaufenen Beinen und anderen Problemen führen können.

Um eine gute Verdauung sicherzustellen und ein Überladen des Magens zu vermeiden, kann man verschiedene Maßnahmen ergreifen:

- Kraftfutter mit großen Mengen Häcksel strecken.
- Vor und nach dem Kraftfutter Heu geben.
- Besser drei bis vier kleine Mahlzeiten geben als zwei größere.
- Kraftfutter mit Heu vermischen.
- Kraftfutter zusammen mit Möhren und Äpfeln verfüttern, so daß das Pferd zum Fressen länger braucht.

Rauhfutter ist wichtig

Das Pferd ist ein Pflanzenfresser, der den größten Teil des Tages mit der Verdauung verbringt. Das Futter verweilt bis zu zwei Tage im Dickdarm, wo die Rohfaser verdaut wird, aber nur 45 bis 70 Minuten im Dünndarm, der andere Futtermittel verdaut, z. B. Getreide.

Je mehr Rauhfutter das Pferd bekommt, desto stabiler ist die Flora der Nutzbakterien. Wenn es statt Rauhfutter größere Mengen Getreide oder junges Gras bekommt, sterben die Nutzbakterien ab, die schädlichen vermehren sich. Es entstehen Gifte, unter anderem sogenannte Endotoxine, die über den Darm in den Körper gelangen und Hufrehe, Koliken und Konditionsmängel hervorrufen können.

Um genügend Rohfaser bereitzustellen, muß man ausreichende Heumengen verfüttern. Wird das Pferd dann zu dick, kann man das Heu zur Hälfte durch Stroh ersetzen. Heu sollte man wiegen,

> Wird bei einer Mahlzeit zuviel gefüttert oder Futter schlechter Qualität gegeben, kann man an den Pferdeäpfeln oft sehen, daß dieses Futter nicht optimal verdaut worden ist. Zu gehaltvolles Futter kann abführend wirken.

um sicherzugehen, daß die gefütterte Menge dem tatsächlichen Bedarf entspricht. Um die Aufnahme von Ballaststoffen zu erhöhen, kann man rohfaserreiche Kraftfutter einsetzen und Stroh als Einstreu benutzen.

Bedarfsgerechte Fütterung

Es ist offensichtlich, daß ein Pferd dick wird, wenn es mehr Futter und damit mehr Energie erhält, als es braucht. Manchmal bemerkt man das allerdings erst, wenn es zu spät und das Pferd schon faul und träge geworden ist. Dann leiden auch Herz, Lunge und Beine unter dem Übergewicht.

In Abhängigkeit von ihrem Charakter können Pferde durch ein Übermaß an Futter im Gegenteil auch zu lebhaft werden. Das trübt das Reitvergnügen und birgt natürlich auch Sicherheitsrisiken.

Eine Methode, das Gewicht des Pferdes ohne eine entsprechende Waage zu kontrollieren, besteht darin, den Rumpfumfang alle zwei Wochen zu messen und das Ergebnis aufzuschreiben. Daraus kann man rückschließen, ob sich das Gewicht verändert hat.

Keine plötzliche Futterumstellung

Im Darm eines Pferdes befinden sich zehnmal mehr Bakterien, als das Tier Zellen im gesamten Körper hat. Bei jeder Futterumstellung – das trifft auch für Heu und Weidegang zu – müssen sich nicht nur die Bakterien anpassen, sondern auch die Verdauungsenzyme. Wenn die Umstellung zu schnell geht, sterben viele der nützlichen Bakterien ab und erzeugen Gifte, die zu Hufrehe, Kolik oder Leistungseinbußen führen.

Einer der häufigsten Gründe, die Ration plötzlich zu ändern, ist Futterknappheit. Man sollte also seine Futterbestände ständig überprüfen, damit das nach Möglichkeit nicht passieren kann. Trifft man die Entscheidung, die Ration zu ändern, sollte das einen guten Grund haben und langsam, über einen Zeitraum von zehn oder vierzehn Tagen, ausgeführt werden. Keinesfalls sollte gewartet werden, bis das übliche Futter ausgegangen ist und dann überstürzt ein anderes gekauft werden muß, gleichgültig, ob es sich um Heu oder Kraftfutter handelt. Das neue Futter muß in kleinen Schritten eingeführt werden, während man noch die übliche Ration füttert.

> Im Darm des Pferdes finden sich zehnmal so viele Mikroorganismen, wie es Zellen im gesamten Körper hat. Futterumstellungen müssen sehr langsam vorgenommen werden, denn die Darmbakterien brauchen Zeit zur Anpassung.

Die Futterzeiten einhalten

Pferde sind Gewohnheitstiere. Zur Futterzeit kommen sie von selbst an das Weidetor oder schlagen gegen die Stalltüren. In Gruppen von Pferden kann es zu Kämpfen kommen, wenn alle darauf warten, daß sie gefüttert werden. Deswegen ist es wichtig, daß ein Futterplan aufgestellt und jeden Tag zu denselben Zeiten gefüttert wird. Das erfordert ein gutes Zeitmanagement, genügend Vorausplanung und häufige Absprachen, wenn mehrere Personen an der Fütterung beteiligt sind.

Kein schnelles Reiten nach dem Füttern

Wenn ein Pferd arbeitet, wird das Blut aus dem Verdauungssystem abgezogen und vermehrt in Herz, Lunge und Muskulatur gelenkt. Wurden die Futterinhaltsstoffe nicht schon vor dem Beginn des Reitens absorbiert, werden sie nun nicht mehr vollständig verdaut.

Ein voller Magen drückt auch auf die Lunge. Wenn das Pferd nach dem Füttern schnell geritten wird, kann die Lunge sich nicht richtig mit Luft füllen. Dadurch bekommen die Muskeln des Pferdes eventuell nicht genügend Sauerstoff. Außerdem bringt unverdautes Futter die Bakterien im Dickdarm durcheinander: Einige sterben ab und setzen dabei Giftstoffe frei, die zu Gesundheitsstörungen führen können.

Zwischen dem Füttern und dem Reiten sollten mindestens zwei Stunden liegen. Noch besser ist es, wenn man erst reitet und danach füttert.

Saftfutter zufüttern

Das beste Saftfutter für Pferde ist Gras. Gras enthält zu 80–90 Prozent Wasser und ist das naturgemäße Pferdefutter. Im Vergleich dazu ist das Futter, das ein Stallpferd erhält – zum Beispiel Heu und Getreide – sehr trocken.

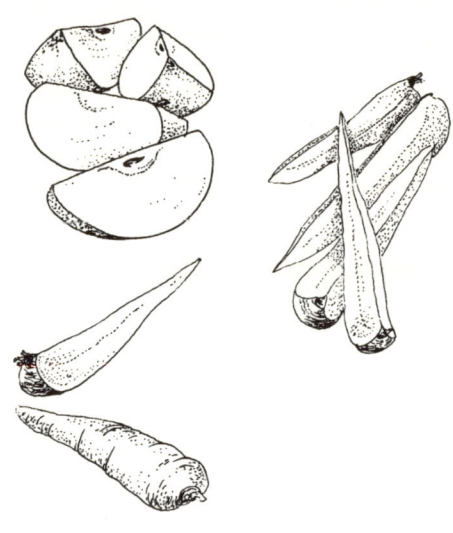

Saftfutter sollte man längs zerschneiden, nicht in runde Scheiben oder in Würfel. So kann das Pferd besser kauen und verschluckt sich nicht daran.

Im Idealfall sollte ein Pferd täglich auf die Weide kommen. Zumindest aber sollte man ihm täglich Möhren, Äpfel oder Rüben zusätzlich zur Ration geben.

Ständiges Wasserangebot

Wie schon vorher angesprochen, ist Wasser lebensnotwendig für Pferde. Wenn ein Pferd nicht saufen kann, wird es sehr bald aufhören zu fressen.

Vergißt man das Tränken einige Zeit, wird das Pferd danach große Mengen auf einmal saufen (ein oder zwei Eimer voll). Dadurch kann Futter aus dem Magen gespült werden.

Kein Grund zur Besorgnis besteht dagegen, wenn das Pferd während oder nach dem Füttern etwas Wasser säuft.

Der Wassereimer sollte jeden Tag gründlich ausgebürstet und mit klarem Wasser aufgefüllt werden. Er muß so aufgestellt und gesichert werden, daß das Pferd ihn nicht umstoßen kann.

Kraftfutter und Heu abwiegen

Oft wird man feststellen, daß man zuviel füttert, weil man nach Volumen anstatt nach Gewicht gefüttert hat. Man sollte die verwendeten Futtermittel also regelmäßig wiegen, um sicherzustellen, daß die Mengen angemessen sind und gleich bleiben.

Dabei ist nicht zu vergessen, daß Pellets mehr wiegen als das gleiche Volumen eines Müslifutters.

Die beste Methode, das Gewicht des Futters zu überprüfen, besteht darin, von jedem Futtermittel die tatsächlich gefütterte Menge in einen dichten Plastikbeutel abzufüllen. Diese Tüten nimmt man mit nach Hause, wiegt sie auf der Küchenwaage und notiert sich die Ergebnisse.

Eine normale Futterschaufel faßt im Durchschnitt:
1,3 kg Pellets oder
900 g Müslifutter oder
1 kg Hafer.
Eine Scheibe Heu wiegt 900 bis 1500 g.

Futtermengen

Wieviel Futter ein Pferd braucht, hängt von verschiedenen Faktoren ab: Körpergewicht, Kondition, Arbeitsbelastung, Umwelt und Haltung sowie Temperament. Um die richtigen Mengen zu ermitteln, muß man alle Faktoren berücksichtigen, wobei der wichtigste Punkt das Körpergewicht des jeweiligen Pferdes ist.

Körpergewicht

Die untenstehende Tabelle gibt typische Gewichte für verschiedene Pferderassen an. Wie bei Menschen kann aber auch bei Pferden das individuelle Gewicht nach oben oder unten vom Durchschnitt abweichen.

Wie man ein Pferd wiegt

Man kann eine von drei Methoden benutzen, um sein Pferd zu wiegen. Am genauesten und einfachsten ist es, eine Brückenwaage zu benutzen. Es gibt Brückenwaagen, die speziell für Pferde entwickelt wurden. Wenn man an eine solche nicht herankommt, kann man sein Pferd aber auch zum nächsten Futtermit-

Rasse	Körpergröße [cm]	leicht [kg]	mittelschwer [kg]	schwer [kg]
Shetland	91,5–122	160	180	205
Welsh	102 –122	205	225	250
New Forest	127 –142	300	320	340
Dt. Reitpony	135 –147	300	325	350
Haflinger	142 –155	440	460	480
Norweger	138 –147	460	480	500
Araber	142 –155	390	440	500
Welsh Cob	150 –155	500	530	570
Vollblüter	152 –173	400	510	610
Dt. Warmblut	160 –178	550	600	650
Süddt. Kaltblut	158 –170	700	725	750
Shire Horse	162 –178	900	1000	>1000

telhändler bringen und dort wiegen oder eine öffentliche Viehwaage benutzen. Dazu wird man einen Pferdehänger brauchen. Man wiegt das Fahrzeug mitsamt dem Pferd, lädt das Tier aus und wiegt dann das Fahrzeug ohne Pferd. Der Unterschied zwischen den beiden Messungen ergibt das Gewicht des Pferdes.

Die zweite Möglichkeit, das Gewicht eines Pferdes festzustellen, ist die Benutzung eines Gewichtsmeßbandes, das in einigen Pferdesportgeschäften und bei Spezialfirmen für Tierzuchtbedarf erhältlich ist. Dieses Band ist so ausgelegt, daß es aufgrund der Messung des Rumpfumfanges in der Gurtlage eine gute Schätzung des Pferdegewichtes abgibt. Der Rumpfumfang wird direkt hinter dem Widerrist hinter den Vorderbeinen gemessen, wobei man das Band so straff umlegt, daß es sich ein wenig in das Fleisch eindrückt.

Hilfreich ist es, sich diesen Rumpfumfang alle zwei Wochen zu notieren. Dadurch kann man eine Gewichtsveränderung feststellen, noch bevor sie für das Auge sichtbar wird.

Als dritte Möglichkeit kann man bestimmte Werte des Pferdes in eine Formel eintragen. Dazu benutzt man ein normales Zentimetermaß und mißt den Rumpfumfang in der Gurtlage wie oben beschrieben. Danach ermittelt man die Länge des Pferdes vom Buggelenk bis zum Sitzbeinhöcker. Diese Werte trägt man in die folgende Formel ein:

Die Benutzung dieser Formel ist nicht so genau wie ein Gewichtsmeßband.

$$(\text{Rumpfumfang}^2 \times \text{Länge}) : 11\,900$$

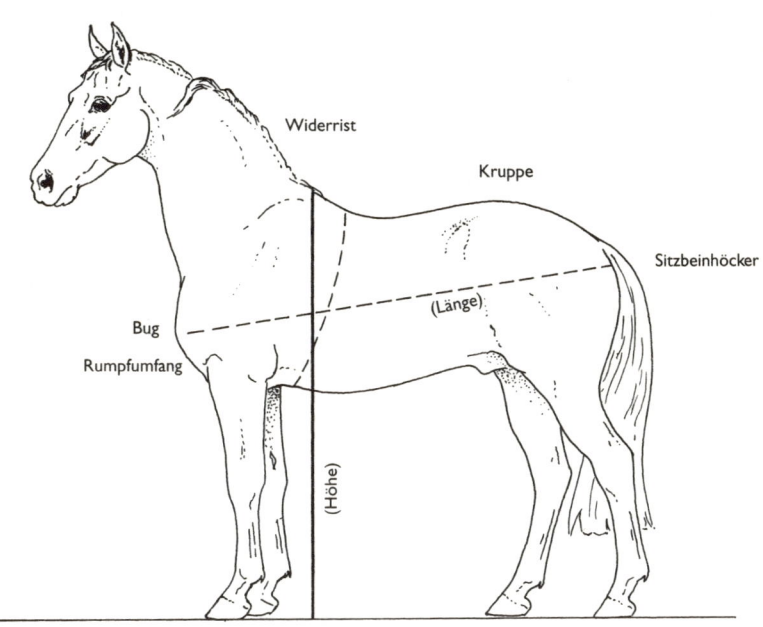

Alle Meßwerte müssen in Zentimetern angegeben werden. Die Zahl, die man als Ergebnis erhält, gibt das Gewicht des Pferdes in Kilogramm an.

Es gibt eine leicht abweichende Fassung dieser Gleichung, die in anderen Büchern manchmal zu finden ist. Bei der Benutzung dieser Formel mißt man als Länge die Strecke von der Schulter zur Hinterhand und teilt das Ganze durch eine andere Zahl:

(Rumpfumfang^2 x Länge) : 8717

Das Ergebnis dieser formelhaften Schätzung ist oft ungenau, weil sich beim Messen der Pferdelänge Fehler einschleichen. Man bekommt leicht bei jedem Messen eine etwas andere Länge heraus, und das beeinflußt das Ergebnis der Formel erheblich.

Körperzustand

Man sollte sein Pferd nicht nur wiegen, sondern auch seinen Körperzustand in die Überlegungen mit einbeziehen, denn ein übergewichtiges Pferd wird natürlich eine andere Ration brauchen als eines mit Untergewicht.

> Achtzig Prozent aller Pferde und Ponys sind übergewichtig, auch wenn der Besitzer dies oft anders sieht.

Wenn man nicht sicher ist, sollte ein Tierarzt um Rat gefragt werden. Andere Leute haben oft sehr individuelle Ansichten über die Definition von Über- oder Untergewicht. Dabei sollte man beden-

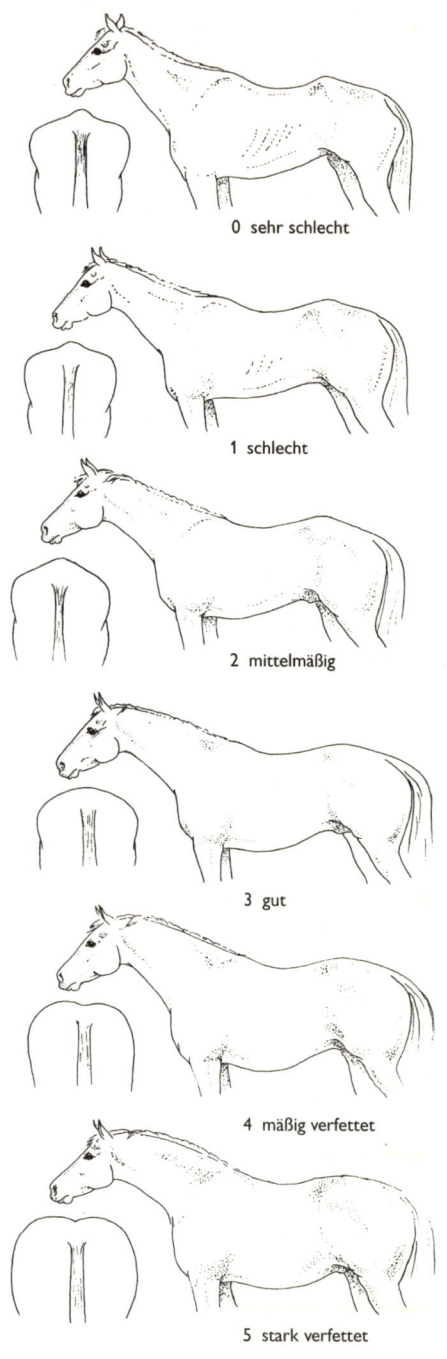

0 sehr schlecht

1 schlecht

2 mittelmäßig

3 gut

4 mäßig verfettet

5 stark verfettet

Links: Die Bewertung des Körperzustandes ist eine nützliche Hilfe, sollte aber nicht für sich alleine betrachtet werden.

ken, daß ein Pferd im Vollblut- oder Militarytyp neben einem vom Cobtyp länger und hagerer aussehen muß.

Die folgende Auflistung soll Anhaltspunkte dafür geben, worauf man achten muß, um den Ernährungszustand seines Pferdes zu beurteilen:

Sehr schlecht: Rumpf stark eingesunken; tiefe Einbuchtung unter dem Schweif; Haut straff über die Knochen gespannt; Wirbelsäule und Becken stark hervortretend; ausgeprägter Hirschhals.

Schlecht: Rumpf eingesunken; Einbuchtung unter dem Schweif; Rippen deutlich sichtbar; Wirbelsäule und Hüfthöcker hervortretend; Hirschhals schmal und schlaff.

Mittelmäßig: Rumpf auf beiden Seiten der Wirbelsäule flach; Rippen gerade sichtbar; Hals schmal, aber fest; Wirbelsäule gut mit Fleisch bedeckt.

Gut: Rumpf rundlich; Rippen gerade mit Fleisch bedeckt, aber leicht zu fühlen; kein Speckhals, fester Hals.

Mäßig verfettet: Rumpf gut gerundet; Längsrinne auf dem Rücken; Rippen und Becken kaum zu ertasten.

Stark verfettet: Rumpf sehr stark gerundet; tiefe Längsrinne auf dem Rücken, gespaltene Kruppe; Rippen nicht zu ertasten; ausgeprägter Speckhals; Fettfalten und Fetthöcker.

Arbeitsbelastung

Die Arbeitsbelastung hat großen Einfluß auf den Energiebedarf. Allerdings schätzen die meisten Pferdebesitzer die Arbeitsbelastung ihres Pferdes zu hoch ein.

In der folgenden Tabelle werden mögliche Definitionen für die Arbeitsbelastung gegeben.

Arbeitsbelastung	Tätigkeit des Pferdes
Erhaltung	Aufrechterhaltung von Gewicht, Temperatur, Muskeltonus, Bewegung und Austoben auf der Koppel
leichte Arbeit 1	Schrittarbeit oder ruhige Ausritte drei-, viermal pro Woche
leichte Arbeit 2	zusätzlich einige langsame Galoppstrecken und das eine oder andere Turnier
mittlere Arbeit	Spring- und Dressurreiten auf Turnierniveau, schulmäßiges Reiten an sechs Tagen pro Woche
schwere Arbeit	Military; Querfeldeinrennen; Fahren; Wanderreiten; Jagdreiten; Distanzreiten
schwere schnelle Arbeit	Rennreiten

Links: Durch zuviel energiereiches Futter kann ein Pferd sehr übermütig und der Reiter in gefährliche Situationen gebracht werden. Daher sollte man die Fütterung der Arbeitsleistung anpassen.

ein nervöses Pferd viel Rauhfutter bekommen, ein faules Pferd braucht vielleicht Energiefuttermittel wie Getreide. Man darf aber nicht vergessen, daß man mit dem Futter den Charakter seines Pferdes nicht verändern kann.

Unter Berücksichtigung all dieser Informationen kann man nun ermitteln, wieviel Futter das Pferd erhalten muß. Die zwei Faktoren, die zur genauen Mengenermittlung hauptsächlich herangezogen werden, sind das Gewicht und die Arbeitsbelastung. Die anderen Faktoren werden mit berücksichtigt, sobald man die Mengen ermittelt hat.

Umwelt und Management

Die vierte wichtige Überlegung bei der Ermittlung des Bedarfs für ein Pferd ist das Umfeld des Tieres. Dazu kommt noch die Tageseinteilung für das Pferd. Um diese Dinge zu beurteilen, stellt man sich am besten die folgenden Fragen, mit denen man sich ein Bild vom Lebensstil seines Pferdes machen kann:

- Ist das Pferd ständig im Stall untergebracht?
- Hat es zeitweise Weidegang?
- Frißt es auf der Weide wenig oder viel Gras?
- Ist das Pferd im Winter eingedeckt?
- Ist der Stall sehr kalt?
- Werden die Futterzeiten eingehalten?
- Geht es im Stall ruhig oder eher hektisch zu?

Temperament

Schließlich muß man auch noch das Temperament des Pferdes beachten. Das Temperament hat zwar keine Auswirkungen auf den tatsächlichen Nährstoffbedarf, aber man wird die Art des Futters danach auswählen. So sollte zum Beispiel

Rechts oben: Die Stärke aus Gerste wird im Magen und Dünndarm schlechter resorbiert als Haferstärke und kann bei großen Futtermengen zu Verdauungsstörungen im Dickdarm führen.
Unten: Auch Maisstärke kann unverdaut in den Dickdarm gelangen. Beide Getreide sollten daher gequetscht oder gebrochen verfüttert werden.

Seite 36:
Oben links: Müslifutter enthalten neben Pellets auch natürliche Getreidekörner und sind daher in ihrer Zusammensetzung kontrollierbar.
Oben rechts: Mit Speichel quellen auch normale Mischfutter-Pellets kräftig auf und können Anlaß zu Schlundverstopfungen geben.
Unten: Noch stärker quellen getrocknete Zuckerrübenschnitzel. Sie müssen 12 Stunden vor der Verfütterung in genügend Wasser eingeweicht werden. Bei Aufnahme trockener, im Magen quellender Zuckerrübenschnitzel besteht Lebensgefahr (Magenriß).

Wie man die Futtermenge ermittelt

1. Schritt

Unabhängig von anderen Einflußgrößen kann ein Pferd normalerweise 2,5 Prozent seines Körpergewichtes an Futter verzehren. Also muß man das Körpergewicht seines Pferdes mit 0,025 multiplizieren; wenn man gerade keinen Taschenrechner zur Hand hat, kann man auch das Gewicht des Pferdes mit 2,5 multiplizieren und dann durch 100 dividieren.

Dadurch erhält man die Futtermenge in kg, die das jeweilige Pferd pro Tag benötigt. Es folgen einige Beispiele. Die genannten Werte sind nur als Richtlinie zu verstehen.

Pferderasse	Gewicht (kg)	Futterbedarf (kg)
Pony	200	5
Kleinpferd	400	10
Vollblüter	500	12,5
Schweres Reitpferd	650	16,25

2. Schritt

Den gesamten täglichen Futterbedarf muß man auf Rauhfutter (Heu) und Kraftfutter aufteilen, je nach der Arbeitsbelastung des Pferdes. Die richtige Aufteilung wird in der folgenden Tabelle gezeigt. Füttert man Stroh oder Weidegras statt Heu, ändern sich die Werte.

Arbeitsbelastung	Verhältnis von Heu zu Kraftfutter (nach Gewicht)
Erhaltung (bei Heu mit geringem Futterwert)	100 : 0
	90 : 10
Leichte Arbeit 1	85 : 15
Leichte Arbeit 2 ✗	80 : 20
Mittlere Arbeit ✗	75 : 25
Schwere Arbeit	50 : 50

Nehmen wir zum Beispiel ein Deutsches Reitpony mit 145 cm Stockmaß, das 400 kg wiegt und leichte Arbeit leistet. Das Pony ist temperamentvoll und verliert leicht an Gewicht.

Die gesamte benötigte Futtermenge errechnet sich aus:

Gewicht des Pferdes x 0,025 = 10 kg.

Das Pferd steht nachts im Stall, tagsüber auf der Weide. Da es leichte Arbeit leistet (siehe Tabelle), sollte seine Ration zu 85 % aus Heu und zu 15 Prozent aus Kraftfutter bestehen. Es braucht insgesamt 10 kg Futter, also kann man das Gewicht des Kraftfutters, das es braucht, ausrechnen, indem man den Wert 10 mit 0,15 (also mit 15 %) multipliziert:

10 x 0,15 = 1,5 kg.

Dasselbe macht man für das Rauhfutter:

10 x 0,85 = 8,5 kg.

Weil das Pony tagsüber auf der Koppel steht, kann man annehmen, daß es Gras frißt; dadurch braucht es nur die Hälfte seines Rauhfutters in Form von Heu:

8,5 : 2 = 4,25 kg.

Das entspricht etwa drei oder vier Scheiben Heu.

Wenn man mit der Berechnung so weit ist, muß man die übrigen Faktoren mit einbeziehen. Hat das Pferd zum Beispiel Übergewicht, braucht es vielleicht gar kein Kraftfutter, sondern statt dessen besser ein Ergänzungsfutter mit Vitaminen und Mineralstoffen. Wenn das Wetter sehr kalt ist, braucht es vielleicht etwas Heu zusätzlich.

Wenn Zweifel über die Futtermenge bestehen, sollte man sich helfen lassen. Viele Pferdefutterfirmen beschäftigen einen Experten für Pferdeernährung. Als Alternative kann man sich ein computergestütztes Fütterungsprogramm kaufen. Auch der Tierarzt wird gerne mit weiteren Informationen helfen.

Die folgende Tabelle listet die Menge an Nährstoffen auf, die Pferde bei unterschiedlicher Arbeitsbelastung benötigen. Der Bedarfsunterschied für leichte Arbeit 1 und 2 ist minimal, es ändert sich nur das Verhältnis von Heu zu Kraftfutter. Die Versorgung sollte nach dem Futterzustand des Pferdes variiert werden.

Gewicht (kg)	Arbeits- belastung	Energie (MJ DE)	Eiweiß (g)	Kalzium (g)	Phosphor (g)
Ponys					
200	in Ruhe	29	296	8	6
	leicht	37	370	11	8
	mittel	46	444	14	10
Pferde					
400	in Ruhe	54	536	16	11
	leicht	71	670	20	15
	mittel	83	804	25	17
500	in Ruhe	66	656	20	14
	leicht	87	820	25	18
	mittel	104	984	30	21
600	in Ruhe	79	776	24	17
	leicht	100	970	30	21

Standardrationen

Auf den folgenden Seiten werden einige Fütterungsempfehlungen für verschiedene Arten von Pferden vorgestellt. Besonders zu beachtende Punkte oder typische Fehler werden ausführlich behandelt, am Ende eines jeden Abschnitts wird eine Beispielration angegeben.

Fütterung von Ponys

Ponys sind normalerweise leichtfuttrig, und man muß daran denken, daß viele der robusten Ponyrassen sich auf der Grundlage von Steppenvegetation oder spärlichen Bergweiden entwickelt haben. Im Idealfall würden solche Pferde im Frühjahr und Sommer in Vorbereitung auf den Winter an Gewicht zulegen und dieses während des Winters allmählich wieder verlieren. Ponys können im allgemeinen ausschließlich von Rauhfutter leben.

Nur zu oft wird im Winter so gefüttert, daß die Pferde ihr Gewicht halten oder gar erhöhen, und wenn dann das Frühjahrsgras kommt, haben die Ponys erhebliches Übergewicht. Im Frühjahr und Sommer kann es nötig werden, den Weidegang einzuschränken. Dazu eignen sich verschiedene Verfahren:
- portioniertes Abweiden mittels Elektrozaun,
- gemeinsame Weidehaltung mit Schafen (Zaun kontrollieren!) oder Rindern,
- zeitweises Einsperren in Paddock oder Auslauf,
- Grasspitzen abmähen, überschüssigen Bewuchs entfernen,
- Ponys nur nachts auf die Koppel lassen,
- Heu durch Stroh ersetzen.

Im Winter
- Es ist besser, Ponys auf der Weide zu halten als im Stall.
- Das Pony braucht dann aber einen Unterstand gegen Regen und Wind.

Robustpferde brauchen deutlich weniger Futter als Vollblüter, so daß es ratsam sein kann, sich konzentrierter Ergänzungsfuttermittel für Vitamine und Mineralstoffe zu bedienen, anstatt Ponys und andere Robustpferde mit einem Kraftfutter für Zuchtpferde zu überfüttern. Eine verfettete Stute kann zu viel Milch produzieren, so daß auch das Fohlen übergewichtig wird. Das kann später zu ernsthaften Knochenproblemen führen.

Pony, Stockmaß 137 cm, Gewicht 250 kg:

Arbeitsbelastung:
Im Sommer kleinere Turniere, im Winter Ausritte am Wochenende: leichte Arbeit 1.

Futterbedarf:
Körpergewicht x 2,5 Prozent
250 x 0,025 = 6,25 kg Futter
Verhältnis: 85 % Heu und 15 % Kraftfutter
6,25 x 0,85 = 5,3 kg Heu und Gras
6,25 x 0,15 = 1 kg Kraftfutter

Sommer	**Reiten/Arbeitsbelastung**
tagsüber aufgestallt	Ausritte
nachts auf der Weide	Geschicklichkeitsreiten, Turniere

<u>morgens</u>
Heugabe

1,5 kg Haferstroh
2,0 kg Heu

0,5 kg Kraftfutter, speziell als Ergänzung zur Weide oder für Pferde in leichter Arbeit oder spezielles Ponyfutter.
Wenn das Pony mehr arbeitet, sollte man ein Kraftfutter für Sportpferde wählen.

<u>abends</u>
0,5 kg Heu
0,5 kg Kraftfutter
Weidegang: Das Pony frißt ungefähr 1,9 kg Trockenmasse oder 9,5 kg Frischgewicht an Gras.

Winter
Heu nach Bedarf, bis zu ¼–⅓ Ballen, 5 kg pro Tag

<u>morgens</u>

0,5 kg Heu
0,5 kg rohfaserhaltiges Kraftfutter, z. B. spezielles Ponyfutter, extrudierte Gerste, eingeweichte Zuckerrübenschnitzel

<u>abends</u>

0,5 kg Heu
0,7 kg desselben Kraftfutters wie morgens, dazu eingeweichte Zuckerrübenschnitzel

- Zum Füttern eine Mischung aus sauberem Heu und Stroh verwenden; mehr Futterhaufen als nötig auslegen, damit kein Pony vertrieben wird.
- Sehr rohfaserhaltiges Futter muß durch Kraftfutter ergänzt werden, wenn das Pony zu viel Gewicht verliert.
- Damit keine zertrampelten Flächen entstehen – und wegen der Verletzungsgefahr –, sollten Heu und Futterstroh nicht in der Nähe von Zäunen, Weidetoren oder Wassertrögen verfüttert werden.

Fütterung von Großpferden

Man kann den Charakter seines Pferdes durch die Fütterung nicht verändern. Wenn man sich also ein Pferd kauft, muß man von vorneherein eines wählen, das vom Gebäude und vom Temperament her für den gedachten Zweck paßt. Trotzdem muß man eine Ration zusammenstellen, die an den Typ des Pferdes und die Art der Arbeit angepaßt ist, die man von ihm erwartet.

Turnierpferde

Diese Pferde müssen gut trainiert sein und beste Gänge haben, aber auch Körperbau, Kondition und Pflegezustand sollen stimmen. Überfütterung ist der häufigste Fehler bei solchen Pferden und Ponys. Energie und Rohfaser sind für arbeitende Pferde besonders wichtig.

Energie: Energie wird für die Körperarbeit benötigt, aber auch, um den Grundumsatz zu gewährleisten. Diese Energie darf das Pferd allerdings nicht »heiß« machen.

Einige Pferde stehen in dem Ruf, »heiß« oder »nervig« zu werden, wenn sie Getreide bekommen, vor allem Hafer. Im allgemeinen liegt der Grund in einer überhöhten Getreideaufnahme im Verhältnis zur Arbeitsleistung des Pferdes. Wenn das Tier nicht regelmäßig gearbeitet wird, sollte der Getreideanteil in der Ration so gering wie möglich sein. Getreide ist definiert als die Samen von Monokotyledonen (einkeimblättrigen Pflanzen) und umfaßt Weizen, Gerste, Hafer und Mais.

Rohfaser: Jedem Pferd tut täglicher Weidegang gut, unabhängig davon, ob es sich um ein wertvolles oder weniger wertvolles Tier handelt. Trotzdem werden viele Turnierpferde im Stall gehalten und müssen dann auch ohne Weidegang mit ausreichend Rohfaser (Heu, Gras, Stroh) versorgt werden.

Eingeschränkte Rohfaserfütterung führt dazu, daß die Pferde sich aus Langeweile Untugenden angewöhnen, etwa Kotfressen, Holznagen oder sogar Koppen.

Man kann seinem Pferd mehr Rohfaser

Speiseöl gibt die Energie langsam frei und hat außerdem den Vorteil, daß es den Zustand des Felles verbessert. Man kann am Tag bis zu 150 ml pflanzlicher Öle füttern, darf aber nicht vergessen, daß Öl zweieinhalbmal soviel Energie bereitstellt wie dasselbe Gewicht an Kohlenhydraten.

zuführen und es beschäftigen, indem man das Kraftfutter durch Beimischung von Häcksel streckt oder einen Ballen Stroh zum Spielen im Stall beläßt (aufpassen, daß wirklich alle Strohkordeln entfernt worden sind!).

Ration für ein stämmiges Turnierpony von 148 cm Stockmaß und 450 kg Gewicht oder für ein Dressur-Vollblutpferd von 152 cm (gleiches Gewicht)

Arbeitsbelastung:
Das Pferd wird sechs Tage in der Woche intensiv geritten und geht am Wochenende Turniere.

Futterbedarf:
Körpergewicht x 2,5 Prozent
450 x 0,025 = 11, 25 kg

Das Pferd leistet mittelschwere Arbeit, so daß das Verhältnis 75 % Rauhfutter zu 25 % Kraftfutter eingehalten werden sollte.

Wir nehmen an, daß das Pferd nur auf einen Auslauf kommt, nicht auf die Weide, also braucht es pro Tag:

Rauhfutter:
Gesamtfutter x 0,75
11,25 x 0,75 = 8,4 kg

Diese Menge kann bereitgestellt werden über 5,5 kg Heu und 3 kg Luzerneheu oder Luzernecobs oder Grüncobs.

Kraftfutter:
Gesamtfutter x 0,25
11,25 x 0,25 = 2,8 kg

Als Kraftfutter sollte eine energie- und eiweißarme Sorte gewählt werden.

Wenn das Pferd Springen oder Military geht, kann man Kraftfutter für Sportpferde einsetzen.

Das Heu sollte in zwei gleichen Teilmengen morgens und abends gefüttert werden. Die Cobs und das Kraftfutter teilt man auf drei gleichgroße Futtergaben auf und gibt jeweils 15 ml Sojaöl dazu.

Statt eines fertigen Kraftfutters (Mischfutter) kann man Einzelfuttermittel wie Gerste, Hafer oder Mais verwenden, muß dann aber Ergänzungsfuttermittel zur Deckung des Vitamin- und Mineralstoffbedarfs einsetzen.

Spezielle Rationen

Zuchtstuten

Der Entschluß, seine Stute decken zu lassen, sollte nach sorgfältiger Überlegung gefaßt werden. Die Aufzucht eines Fohlens kostet Geld, ist zeitaufwendig, und man kann viele Fehler machen. Einer der häufigsten Fehler ist die Ansicht, die Stute brauche sofort zusätzliches Futter, sobald sie tragend ist. Das ist nicht der Fall, zumindest nicht bis drei Monate vor dem Abfohltermin.

Stuten werden von Natur aus im Frühjahr rossig, und wenn sie aufnehmen, wird das Fohlen ungefähr elf Monate später geboren. Zwischenfälle kommen bei Pferden selten vor, weil viele Vorbereitungen getroffen werden müssen, wenn die Stute zum Hengst kommt. Manchmal sind allerdings mehrere Bedeckungen erforderlich, so daß die Stute aus dem optimalen Zyklus herausfällt.

Idealerweise nimmt die Stute im späten Frühjahr auf, so daß das Fohlen im nächsten Jahr genau zur richtigen Zeit geboren wird, um das Frühlingsgras nutzen zu können.

Man unterscheidet drei Stadien, denen das Futter angepaßt werden muß:

1. Die ersten acht Monate der Trächtigkeit:
Die Stute sollte lediglich so gefüttert werden wie bei leichter Arbeit oder im Erhaltungsbedarf. Vom Decktermin bis in den Herbst hinein wird die Weide normalerweise genügen. Wenn die Stute allerdings offensichtlich an Gewicht verliert, gibt man Heu und vielleicht eine kleine Menge Kraftfutter dazu. Im Herbst und Winter sollte man etwas energiearmes Kraftfutter und Heu nach Belieben füttern, damit das Körpergewicht gehalten wird.

2. Die letzten drei Monate:
In dieser Zeit wächst das Fohlen sehr schnell, so daß die Stute ein Zuchtpferdekraftfutter und dazu Heucobs (Trockengrün) guter Qualität erhalten sollte. Zwischen 20 und 30 Prozent der täglichen Ration sollte dabei das Kraftfutter für Zuchtpferde ausmachen.

Wenn das Gras üppig genug ist, braucht man kein Heu zu füttern und kann das Kraftfutter reduzieren, aber dann muß ein Vitamin- und Mineralergänzungsfutter eingesetzt werden.

> Während der letzten drei Monate der Trächtigkeit baut der Fötus etwa 65 Prozent seines Endgewichts bei der Geburt auf. Bei der Geburt sind mehr als 40 Prozent des Skelettes bereits entwickelt.

3. Laktation:

In der Zeit, in der die Stute Milch gibt, braucht sie viel Energie und damit mehr Futter, als sie während der Trächtigkeit benötigte. Allerdings muß man auch beachten, daß nun das nährstoffreiche Frühlingsgras wächst.

Bei qualitativ hochwertigem Gras braucht die Stute ab dem Frühsommer kein zusätzliches Futter mehr. Bis dahin wird sie allerdings wahrscheinlich 35 bis 50 Prozent ihrer Futteraufnahme als Zuchtpferdekraftfutter benötigen. Wenn das Gras nicht so gut ist, sollte man Heu zufüttern.

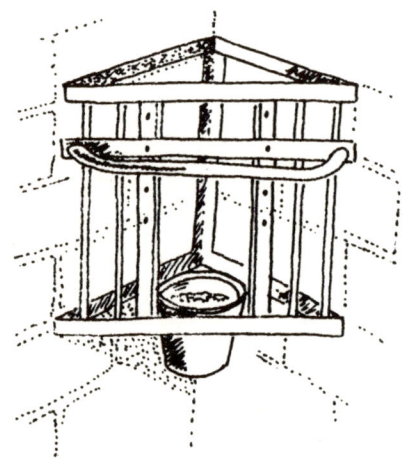

Fohlen sollten an das Futter der Stute nicht herankommen. Ein Fohlentrog ermöglicht es dem Fohlen, seine eigene Ration in Ruhe zu fressen und hat den zusätzlichen Vorteil, daß man die Futteraufnahme des Fohlens überwachen kann.

Fohlen

Warmblutfohlen sollte man ab dem zehnten Tag einen Fohlenstarter zufüttern, weil sich der Darm dann besser an Futter auf Getreidebasis anpaßt. Robustpferde sollten aus demselben Grund ein Futter auf Getreidebasis erhalten, aber nur ein Viertel bis zur Hälfte der Menge, die man für Warmblüter einsetzen würde.

Es ist ratsam, dem Fohlen keinen Zugang zur Ration seiner Mutter zu ermöglichen. Die Kraftfutteraufnahme des Fohlens sollte ständig überwacht und auf 450 g pro Monat Lebensalter und Tag beschränkt werden. So würde z. B. ein zwei Monate altes Fohlen 900 g Fohlenstarter pro Tag fressen. Wenn es eine sehr schnelle Gewichtszunahme zeigt, muß diese Menge verringert werden.

> Fohlen von Robustpferden brauchen häufig weniger Futter. Ansonsten verfetten sie leicht.

Absetzer

Normalerweise werden Fohlen mit sechs Monaten abgesetzt, so daß der Zeitpunkt im Herbst liegt. Das Fohlen wird mit einer Ration versorgt, die auf seine Entwicklung ausgerichtet ist. Die Mengen hängen dabei von der Grasqualität ab,

> Ein neugeborenes Fohlen kann pro Tag bis zu 3,75 % des Gewichts seiner Mutter an Milch aufnehmen und erhält genügend Eiweiß und Energie, um pro Tag bis zu 1,5 kg zuzunehmen. Diese Futteraufnahme muß aber mit Vitaminen und Mineralstoffen aufgewertet werden.

Ein Absetzer von 150 kg braucht 2,25 kg Kraftfutter und 1,5 kg Heu. Wenn das Jungpferd zu dick wird, muß man diese Menge reduzieren.

Wachsende Pferde sollten mindestens zwölf Stunden Weidegang pro Tag haben, damit sich ihre Knochen und Gelenke richtig entwickeln können. Während des Winters benötigen Absetzer rund 1,5 % ihres Körpergewichtes als Kraftfutter.

aber normalerweise werden mindestens 60 % der Gesamtfuttermenge als Kraftfutter gegeben.

Das Absetzen verursacht Streß, und viele Fohlen verlieren den Appetit, wenn sie nicht daran gewöhnt sind, auch Kraftfutter zu fressen. Sie beginnen, an Gewicht zu verlieren, bis sie an ihr neues Futter gewöhnt sind, und dann fressen sie zuviel. Sobald sich die Wachstumsgeschwindigkeit verändert, erhöht sich die Gefahr von Knochenproblemen. Anzustreben ist ein eher langsames, dafür aber gleichmäßiges Wachstum.

Man sollte versuchen, das Fohlen abzusetzen, wenn es die Gesellschaft anderer, befreundeter Pferde hat.

Jährlinge

Am besten sind Jährlinge nach allmählicher Reduktion des Winterfutters auf einer guten Weide aufgehoben. Bei Robustpferderassen muß man mit fettem Gras besonders vorsichtig sein: Hufrehe

Futteraufnahme junger Pferde:
(Beachte: Für junge Pferde gilt ein anderes Verhältnis von Kraftfutter zu Rauhfutter.)

	Alter (Monate)	Futteraufnahme (in Prozent des Körpergewichts)	
		Rauhfutter	Kraftfutter
Fohlen	3	1	1–2
Absetzer	6	0,5–1,0 (25)	1,5–3 (75)
Jährling	12	1,0–1,5 (50)	1,0–1,5 (50)
Zweijähriger	24	1,5–2,0 (75)	0,5–1,0 (25)

Die Zahlen in Klammern geben an, welcher Prozentsatz der Gesamtfutteraufnahme durch Rauhfutter und durch Kraftfutter abgedeckt wird.

kann in jedem Alter vorkommen. Prophylaktisch bietet man ergänzend Heu und Stroh an.

Bei Einbruch des Winters werden die Jährlinge mehr Rauhfutter brauchen als im Jahr zuvor: 50 Prozent ihres Futters sollte aus Rauhfutter bestehen, 50 Prozent aus Kraftfutter. Auch hier gilt wieder, daß man dieses Verhältnis für Robustpferde ändern muß.

Zwei- bis Vierjährige

Allgemein kann man diese Altersgruppe wie erwachsene Tiere behandeln, die leichte Arbeit leisten. Das Heu sollte von so guter Qualität wie möglich sein und bei Notwendigkeit mit Kraft- und Mineralfutter ergänzt werden.

Alte Pferde

Bei alten Pferden ist es oft schwierig, sie über den Winter auf ihrem Gewicht zu halten. Sie verlieren um den Widerrist und die Hüften herum an Fleisch. Forschungsergebnisse zeigen, daß alte Pferde (anders als Hunde) einen erhöhten Eiweiß- und Kalziumbedarf haben. Ihr Stoffwechsel scheint diese Nährstoffe nicht mehr so wirkungsvoll zu absorbieren.

In der praktischen Fütterung von alten Pferden wird die Wissenschaft oft wider-

> Weil die Zutaten schon vermahlen sind, eignen sich angefeuchtete Pellets besonders für alte Pferde, die nicht gut kauen können.

legt, denn es ist offensichtlich möglich, ihnen nach allmählicher Gewöhnung große Mengen an Getreide zu geben, und es tut ihnen sogar gut!

Viele alte Pferde haben einige Zähne verloren und können Heu nicht gut kauen. Einige leiden auch an Koliken. Arthritis kann aufgrund der Schmerzen in den Beinen dazu führen, daß sie wenig grasen. Alte Pferde müssen besonders sorgfältig versorgt und überwacht werden:

- Wöchentlich sollte überprüft werden, wie der Zustand des Pferdes (unter Benutzung des Gewichtsmeßbandes und der Tabelle für den Körperzustand) und der Weide ist und ob das Pferd gut fressen kann.
- Regelmäßige Wurmkuren und Zahnkontrollen sind wichtig.
- Das Pferd braucht einen Unterstand und Schutz vor Wind und Regen.
- Es muß sich auf weichem Boden in Ruhe ausreichend lange hinlegen können.
- Im Winter ist es besser, das alte Pferd bei Bedarf einzudecken, als es in einen Stall zu sperren.

Als Fütterung sind angefeuchtete Pellets, vermischt mit Zuckerrübenschnitzeln, eine gute Sache. Wenn das Pferd kein Heu fressen kann, nimmt man Cobs, eventuell mit gehäckseltem Heu vermischt. Auch kann ein spezielles Kraftfutter für alte Pferde oder ein Zuchtpferdefutter zum Einsatz kommen, das hochwertiges Eiweiß und eine gute Mischung von Vitaminen und Mineralstoffen enthält. Gekochte Gerste oder angefeuchtete Getreidemischungen sind leichter zu kauen als Pellets. Heu kann man aufweichen, indem man es vor dem Füttern einige Stunden lang in einen Wasserbottich legt. Knoblauch, Apfelessig, Lebertran und manche Kräuter helfen bei Arthritis, falls das Pferd daran leidet.

Wenn möglich, sollte man auch sicherstellen, daß das Pferd unter dem Sattel vorsichtig bewegt wird und nicht die ganze Zeit nur herumsteht.

Aber: Keiner dieser Tips wird das Pferd für alle Zeiten auf den Beinen halten. Daher ist es wichtig zu wissen, wann man loslassen muß.

Täglicher Futterbedarf für eine Welsh-Araber-Kreuzung von 144 cm Stockmaß (Altes Pferd):
Sommer
Weidegang mit ungefähr 0,9 kg Cobs oder Pellets.
Winter
Rauhfutter:
Heu zur freien Aufnahme
1,5 kg angefeuchtete Grascobs

Kraftfutter:
bis zu 3 kg Zuchtpferdefutter o. ä. pro Tag, mit 1,5 kg (Trockengewicht) Zuckerrübenschnitzel (eingeweicht!) vermischt

---

Kalte Witterung

Ausgewachsene Pferde, die nicht arbeiten oder nur am Wochenende geritten werden, sollten im Winter während eines Kälteeinbruchs eine Rauhfutterergänzung (Heu guter Qualität) erhalten.

Es ist eine Irrmeinung, gekochte Gerste oder heißes Mash könnten ein Pferd wärmen, nur weil man selber sich dadurch vielleicht besser fühlt.

Getreide, Pellets und Müslifutter werden im Dünndarm relativ schnell abgebaut und verdaut. Weil dieser Abbau schnell und einfach vonstatten geht, erfordert er wenig Energie und setzt daher auch wenig Wärme frei.

Rohfaser braucht dagegen lange, bis sie verdaut ist. Die Bakterien müssen Energie aufwenden, um die Rohfaser zu zerlegen, und während dieser Arbeit setzen sie eine Menge Wärme frei. Diese Energie wärmt das Pferd von innen. Die Rohfaser wird gewissermaßen fermentiert, und die freigesetzte Wärme entspricht der, die auch bei der Herstellung von Wein oder Bier freigesetzt wird.

Bei großer Kälte kann eine zusätzliche Getreidefütterung erforderlich werden. Wenn man die Pferde auf der Weide lassen will, sollte man daran denken, die Krippen für Futter und Heu auf der Weide an einem windgeschützten Platz aufzustellen.

Schlechter Allgemeinzustand

Wenn ein Pferd sich in schlechtem Zustand präsentiert, hat es meistens ein struppiges Fell und schlechte Hufe. Für einen solchen Zustand gibt es vier Hauptgründe:

- Vernachlässigung – das Pferd erhält für

Man sollte vermeiden, größere Mengen Kraftfutter an Pferde zu verfüttern, denen es kalt ist oder die hungrig sind. Wenn sie das Futter herunterschlingen, können sie schwere Verdauungsprobleme bekommen.

seine Arbeitsbelastung oder für die Erhaltung nicht genügend Futter.

- Verwurmung – wenn man annimmt, daß das Pferd Würmer hat, spricht man mit seinem Tierarzt über ein geeignetes Entwurmungsprogramm und läßt im Kot eine Parasitenbestimmung vornehmen. Manchmal ist auch ein Bluttest notwendig.
- Schlechtes Gebiß – entweder mit scharfen Kanten oder fehlenden Zähnen. Jährliche Überprüfung durch den Tierarzt ist äußerst wichtig.
- Futterqualität – man sollte die Komponenten des Futters und den Energiegehalt überprüfen. Die Komponenten sollten gleichbleibend sein. Wenn ein Hersteller nicht bereit ist, schriftliche Informationen über die Komponenten eines Futters zuzuschicken, sollte man es nicht einsetzen.

Schlechtes Hufwachstum

Bei vielen Pferden kommt es unter sehr trockenen oder sehr nassen Bedingungen zu Hornspalten im Huf. In diesem Fall hilft es, den zu trockenen Huf mit Wasser anzufeuchten und die Feuchtigkeit dann im Huf einzuschließen, indem man Huffett aufträgt. Zu nasse Hufe hingegen fettet man ohne vorheriges Wässern.

Ergänzungsfuttermittel mit Kalzium, Lysin, Methionin, Zink und Biotin (alle diese Stoffe müssen enthalten sein) fördern das Hufwachstum.

Ergänzungsfuttermittel auf der Grundlage von Luzerne haben oft die beste Wirkung. In einer Untersuchung von Dr. Sue Kempson (Universität Edinburgh) wurden positive Ergebnisse erzielt, wenn Luzerne oder Ergänzungsfuttermittel auf der Basis von Luzerne an Pferde verfüttert wurden.

Struppiges Fell

Dieser Zustand kann von denselben Mängeln herrühren wie schlechtes Hufwachstum. Im Zustand des Felles spiegelt sich oft die Fütterung wider.

Ein älteres Pferd, das so aussieht, als hätte es das ganze Jahr über sein Winterfell, kann am Cushing-Syndrom (siehe S. 95) leiden. Der Tierarzt sollte um eine Untersuchung gebeten werden.

Wenn man sein Pferd mit einer Ration auf der Basis von rohfaserreichem Futter ernährt, kann ihm Öl fehlen. Dann sollte man täglich zwei oder drei Eßlöffel eines pflanzlichen Öles geben.

> Pferde, die älter als vier Jahre sind, können kein Milchpulver verdauen.

Problemrationen

Verfettete Pferde

Ein großer Teil unserer Pferde ist übergewichtig, auch viele Sportpferde. Fettlei-
bigkeit kann bei guten Futterverwertern
und gierigen Pferden ein echtes Problem
darstellen. Um das Gewicht auf den richtigen Stand zu bringen, sollte man eine
Kombination aus eingeschränkter Futteraufnahme und regelmäßiger Arbeit einsetzen. Man kann folgende Maßnahmen
ausprobieren:

- Ganztägig auf eine magere Weide oder
  in einen Sandpaddock stellen. Draußen wird sich das Pferd mehr bewegen
  und damit mehr Energie verbrauchen,
  als wenn man es im Stall hält.
- Im Sandpaddock füttert man Stroh
  oder Heu, das spät geschnitten wurde
  und damit einen geringen Futterwert
  hat. Auch das sollte man aber vorher
  analysieren lassen und die erforderliche Menge genau bestimmen.
- Zweimal tägliches leichtes Training ist
  ideal. Man kann es mit Spazierengehen
  versuchen, leichter Longenarbeit oder
  sonstiger Bewegung.
- Ein entsprechender Unterstand muß
  auf der Weide und im Paddock ganzjährig zur Verfügung stehen; warmes
  Eindecken ist aber nicht nötig. Pferde
  verbrauchen eine ganze Menge Energie, um sich warm zu halten!
- Ein Ergänzungsfutter mit Vitaminen
  und Mineralstoffen ist nötig, aber kein
  Kraftfutter.

Ein langsamer Gewichtsverlust wird dann
auf Dauer eintreten; es hat aber keinen
Sinn, das Pferd wirklich hungern zu lassen.

Nervöse und »heiße« Pferde

Manche Pferde machen zu Hause einen
ruhigen und wohlerzogenen Eindruck,
scheinen auf dem Turnier aber ihr Temperament zu verändern. Nervöse Pferde
können schäumen, schwitzen, unruhig
werden und sich nur schwer bändigen lassen; andere entwickeln einen kuhladen-
ähnlichen Durchfall und scheinen eine
völlige Wesensveränderung durchzuma-
chen. (Einige dieser Symptome spiegeln
sich auch in ihren menschlichen Gegen-
stücken wider!)

Überzüchtung und mangelnde Reife
können zu diesem Problem beitragen
(zum Beispiel bei Vollblütern), und die
unbekannte Umgebung sowie die Geräusche auf dem Turnier verstärken das un-
ruhige Verhalten noch. In vielen Fällen
hilft es, wenn Pferd und Reiter dressur-
mäßig arbeiten und gleichzeitig mehr Erfahrung auf Turnieren sammeln. Trotz

allem, ein großer Teil des Problems liegt darin, daß für die vorliegende Arbeitsbelastung zu viel Energiefutter gegeben wird, vor allem bei Pferden, die im Stall gehalten werden und pro Tag nicht wenigstens zwei Stunden Auslauf haben. Im idealen Fall profitieren solche Pferdetypen davon, wenn sie Futter erhalten, das die Energie langsamer freigibt.

Offenbar wird die Stärke (der Zucker) aus bestimmten Getreidearten, zum Beispiel Hafer, schneller verdaut als aus anderem Getreide. Die Energie steht dem Pferd ungefähr zwei Stunden nach dem Füttern zur Verfügung, was oft ungefähr der Zeit entspricht, die wir zwischen Füttern und Reiten verstreichen lassen.

Bei Vollblütern wird der Zuckerstoffwechsel (also der für Stärke) nicht so wirksam geregelt wie bei anderen Rassen. Ihr Blutzuckerspiegel bleibt drei bis vier Stunden nach der Fütterung hoch, so daß sie gerade zu dem Zeitpunkt, zu dem wir sie reiten wollen, Energie sofort zur Verfügung haben.

Solche Pferdetypen muß man wie folgt füttern:
- Viel Rauhfutter.
- Kleine Kraftfuttergaben reichen und diese mit rohfaserhaltigem Futter verdünnen, so daß die Pferde langsamer fressen und die Energie nicht so schnell freigesetzt wird.
- Öl als Energie-Ersatzfutter für einen Teil des stärkereichen Getreides.

> Fette und Öle werden langsamer verdaut und brauchen länger, bis die Energie aus ihnen freigesetzt wird, als das bei Kohlenhydraten der Fall ist.

- Gras füttern, am besten in Form von täglichem Weidegang, auch bei schlechtem Wetter.
- Futtermittel mit geringem Energiegehalt bevorzugen.
- Eventuell durch Hefe oder ein Kräuterfutter ergänzen.

Schlechte Fresser

Manche Pferde sind, egal womit man sie füttert, nie so richtig glücklich damit und fressen nicht genug, um ihren Bedarf zu decken. Die Gründe hierfür sind zahlreich, zum Beispiel Krankheiten, wenig schmackhaftes Futter von schlechter Qualität, schlechte Gesundheit, Schmerzen, Fieber, Maulprobleme (vor allem scharfkantige Zähne), abrupte Futterwechsel, eine Umgebung mit viel Ablenkung, mangelnder Rauhfutteranteil in der Ration oder hohe Arbeitsbeanspruchung.

> Pferde, die 22 von 24 Stunden im Stall verbringen, verweigern das Fressen oft aus reiner Frustration. Allen Pferden tut Auslauf oder Weidegang gut, selbst wenn sie viel gearbeitet werden.

Zahnprobleme können dazu führen, daß das Pferd das Futter verweigert oder nicht zunimmt. Anzeichen für Zahnprobleme sind wählerisches Fressen, sehr langes Kauen, Futter aus dem Maul fallen lassen, Schwierigkeiten beim Heufressen oder sehr langsames Fressen. Man sollte die Zähne seines Pferdes mindestens einmal pro Jahr von einem Tierarzt überprü-

Beispielration: Verwendung von Futtermitteln mit langsamer Energiefreisetzung für eine Vollblutstute von 153 cm und 450 kg:

Arbeitsbelastung
tägliches Reiten, am Wochenende kleinere Turniere (Springen, Dressur): leichte Arbeit 2

Futterbedarf
Körpergewicht x 2,5 Prozent
450 x 0,025 = 11,25 kg Futter
Verhältnis: 80 % Rauhfutter, 20 % Kraftfutter
Rauhfutter pro Tag:
11,25 x 0,8 = 9 kg
Kraftfutter pro Tag:
11,25 x 0,2 = 2,25 kg

Sommer
Der Rauhfutterbedarf sollte hauptsächlich durch Gras gedeckt werden. Wenn das Pferd davon nicht verfettet, sollte es soviel Weidegang wie möglich haben. Bei nächtlicher Aufstallung füttert man 2,7 kg Heu.

Kraftfutter:
1,5 kg Luzernecobs oder -grünmehl
0,5 kg rohfaserreiches Kraftfutter
0,25 kg (¼ Liter) Speiseöl
Hefe und/oder Kräuterfutter

Winter
täglicher Weidegang, 4–6 Stunden
    Rauhfutter pro Tag:
7 kg Heu
Kraftfutter pro Tag (verteilt auf drei Mahlzeiten):
2 kg Luzernecobs bzw. -grünmehl
0,5 kg Zuckerrübenschnitzel (trocken gewogen, dann eingeweicht!)
2 kg Kraftfutter mit hohem Fett- und Rohfasergehalt
0,25 kg (¼ Liter) Speiseöl

fen lassen; bei jungen und sehr alten Pferden kommt es am ehesten zu Problemen.

Abrupte Futterumstellungen

Pferde sind vorrangig Rauhfutterfresser und beherbergen in ihrem Darm Billionen von Bakterien. Die Aufgabe dieser Bakterien ist das Verdauen von Rohfaser. Wenn also nicht genug Rohfaser da ist oder wenn man die Ration schnell ändert, sterben viele Bakterien ab. Das bringt das Verdauungssystem völlig durcheinander und kann zu ernsthaften Problemen führen.

Wie man selbst nicht gerne von einem Teller essen würde, der vorher nicht abgespült wurde, fühlen sich Pferde von schmutzigen Futterbehältern abgestoßen. Alle Behälter sollten täglich gründlich gereinigt werden, sonst werden sie schimmelig, schleimig und riechen schlecht. Vor allem schlechter Geruch ist unbedingt zu vermeiden, weil Pferde ihr Futter nach dem Geruch sortieren und dann möglicherweise nicht fressen wollen.

Geschmacksabweichungen im Futter

Pferde haben ihre ausgeprägten und gelegentlich schlecht nachvollziehbaren Vorlieben und Abneigungen. Sie zögern bei Futtermitteln, die staubig oder schimmelig sind, sie sortieren ihr Futter nach dem Geruch und verweigern es manchmal, wenn sie nichts riechen können, also zum Beispiel dann, wenn sie eine Infektion der oberen Luftwege haben oder das Futter sehr kalt ist.

Jegliche Futterumstellungen (einschließlich Ergänzungsfutter) sollte man langsam über einen Zeitraum von zehn bis vierzehn Tagen durchführen. Wenn Pferde ihre Ergänzungsfuttermittel nicht fressen, kann man:

- ein Marmeladenbrot (natürlich ohne Butter!) machen und das Ergänzungsfutter unter die Marmelade mischen, bevor man sie auf die Brotscheiben streicht oder
- das Ergänzungsfutter in der Mitte eines Apfels verstecken oder
- es zu einer wäßrigen Paste anmischen und mit einer Einwegspritze eingeben.

Altes, sperriges Heu voller rauher Stengel sollte man nicht mehr füttern, weil die meisten Pferde es nicht gerade schmackhaft finden.

Laute oder einsame Umgebung

Nervöse Pferde lassen sich durch eine Umgebung voller Lärm gerne ablenken, vor allem zu den Futterzeiten. Manche Vollbluttypen kommen in einem geschäftigen Pensionsstall, in dem verschiedene Pferde zu unterschiedlichen Zeiten gefüttert und manche Pferde noch bis in die Abendstunden hinein geritten werden, überhaupt nicht zur Ruhe.

Läßt sich ein Pferd leicht ablenken, kann es geschickter sein, die Futterkrippe an der Tür anzubringen als an der Rückwand der Box, weil das Pferd so gleichzeitig fressen und schauen kann, anstatt ständig von hinten nach vorne preschen zu müssen.

Mangelnde Gesellschaft kann für einen schlechten Appetit ebenso verantwortlich

Oben: Äpfel direkt vom Baum zu naschen, ist für Pferde ein Vergnügen. Aber das Obst muß wirklich reif sein, und mehr als ein bis zwei kg sollten pro Tag nicht verzehrt werden.
Unten: Auch bei schlechtem Wetter gilt: Pferde sind draußen glücklich, solange das Futter reicht und ein trockener Platz zum Ablegen vorhanden ist. Der Matsch stört nur die Ästhetik des Menschen…

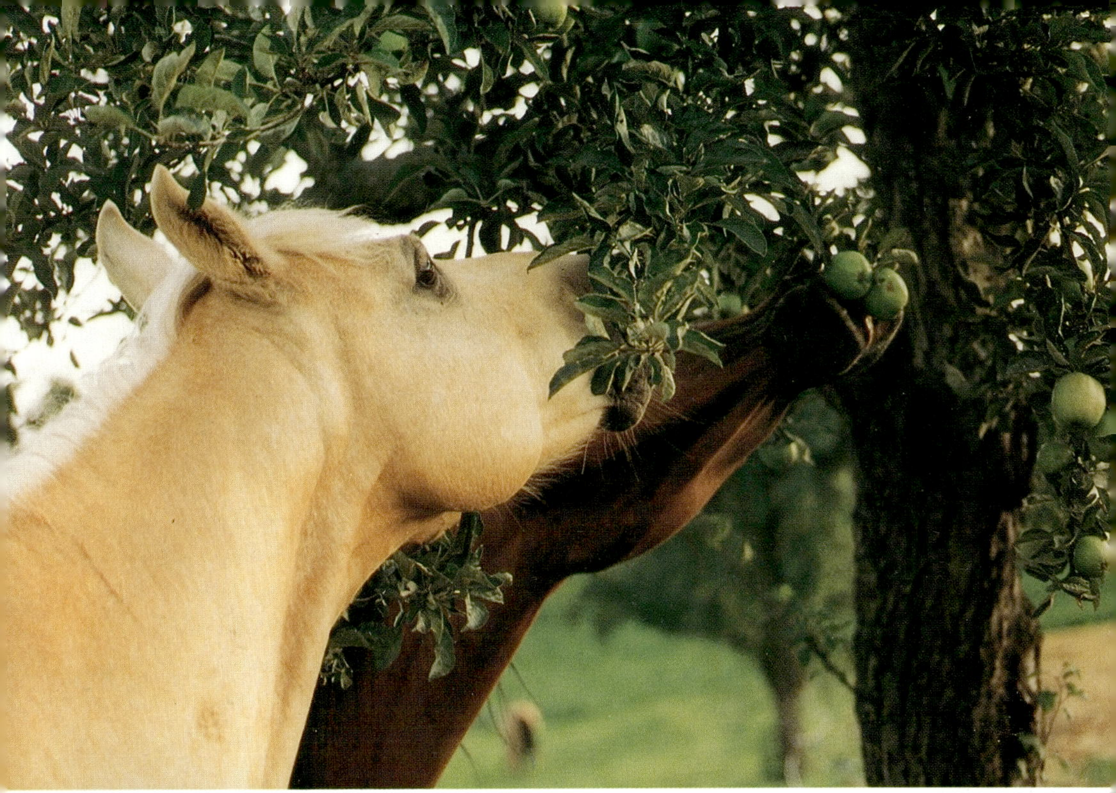
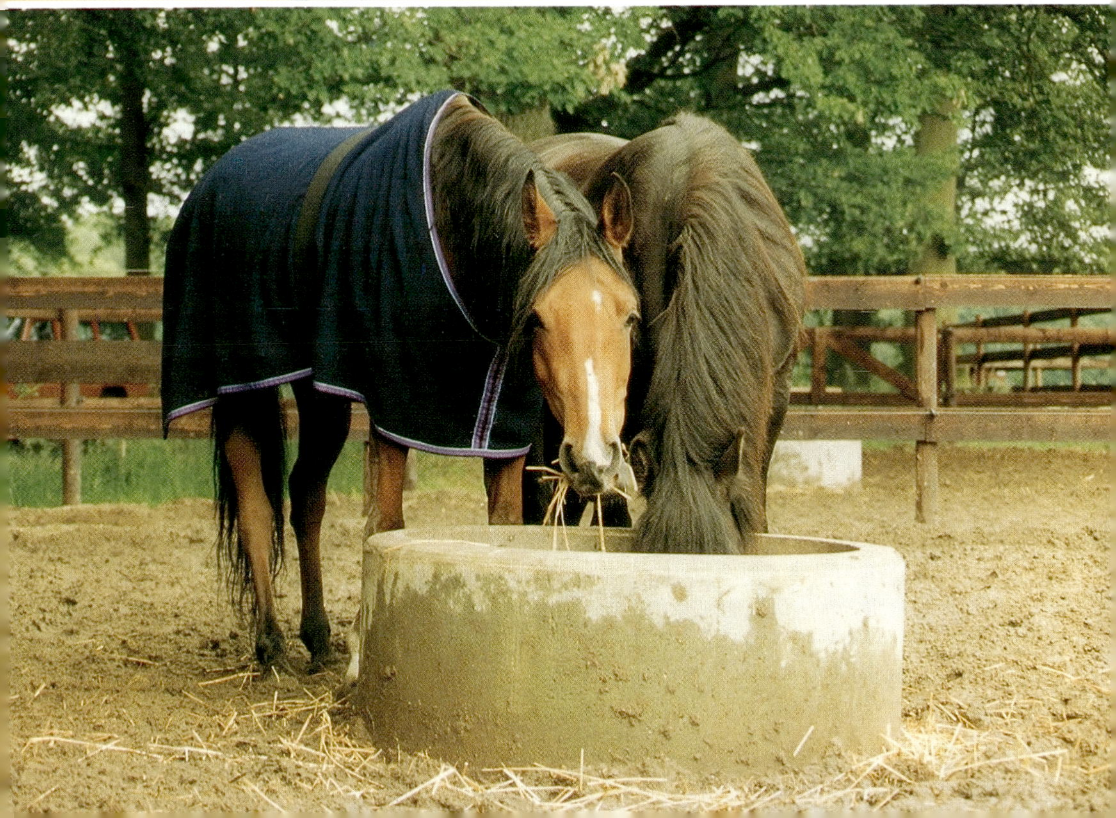

sein – Pferde sind schließlich Herdentiere. Wenn sich keine Gesellschaft der Gattung Pferd auftreiben läßt, sind notfalls auch Schafe oder Ziegen besser als gar keine Gesellschaft.

Futtervolumen verringern

Um sein Pferd zum Fressen zu verlocken, kann man Futter mit hoher Energiedichte verwenden. Zum Beispiel:

- Heu durch Luzernegrünmehl ersetzen.
- Normalen Hafer durch Nackthafer ersetzen.

- 2 kg eines rohfaserreichen Kraftfutters durch 1 kg eines Sportpferdekraftfutters ersetzen.
- Öl oder Fett als Komponente der Energieration einsetzen. Öl enthält zweieinhalbmal soviel Energie wie die gleiche Gewichtsmenge an Kohlenhydraten.
- Als Rauhfutter lieber hoch verdauliches Heu als solches von schlechter Qualität einsetzen.
- Saftfutter wie Möhren, Äpfel, Zuckerrüben einmischen.
- Regelmäßig kleine Mengen füttern und dem Pferd nicht zuviel auf einmal vorsetzen.

Oben: Kommen Stallpferde im Winter nur stundenweise auf die Weide, sollte man vorher Heu füttern. Sonst fressen die Tiere das verschneite Gras zu hastig und können Verdauungsstörungen bekommen.
Unten: Nadelhölzer und Äste zum Benagen können im Winter den Hunger nach frischem Grün besänftigen und die Langeweile vertreiben. Vorsicht: Zuerst vergewissern, daß die Bäume ungiftig sind!

Grund- oder Rauhfutter

Weide

Der Futterwert des Weidegangs hängt davon ab, wieviel Gras das Pferd frißt, wie dieses Gras zusammengesetzt ist und wie gut die Nährstoffe absorbierbar sind.

Gras enthält Kohlenhydrate, Eiweiße, Vitamine, Mineralstoffe und Wasser. Junges Gras kann als Nährstoffquelle für ein Pferd völlig ausreichen. Es enthält Wasser (85%), hoch verdauliche Nährstoffe, lösliche Kohlenhydrate (Stärke und verschiedene Zucker), eine große Menge an Eiweiß und einen kleinen Rohfaseranteil.

| Feb. | März | April | Mai | Juni | Juli | Aug. | Sept. | Okt. |

Je älter das Gras wird, desto weniger nahrhaft ist es.

Wasserlösliche Kohlenhydrate (Stärke)

Der Stärkegehalt von Gras ist je nach Grasart unterschiedlich, wie die folgende Tabelle zeigt.

Ein Zuviel an wasserlöslichen, leicht verfügbaren Kohlenhydraten kann zu Hufrehe führen, besonders bei gleichzeitigem Mangel an strukturiertem Rauhfutter (Heu, Stroh).

Der Stärkegehalt von Gras ist tages- und jahreszeitlichen Schwankungen unterworfen. Er ist morgens und im Herbst niedriger und erhöht sich während des Tages und im Frühjahr.

Grasart	Wasserlösliche Kohlenhydrate (Stärke) (g pro kg Frischgras)
Welsches Weidelgras	48
Deutsches Weidelgras	38
Knaulgras, Wiesenlieschgras	22
Rotklee	20
Luzerne	16

Eiweiß

Der Eiweißgehalt im Gras (Trockenmasse, also Gras abzüglich Wasser) reicht von 5 % bei überständigem Altgras bis zu 25 % bei jungem Sommergras. Die Blätter enthalten mehr Eiweiß als der Halm. Der Eiweißgehalt von Gras steigt im direkten Verhältnis zur Menge des aufgebrachten Stickstoffdüngers.

Rohfaser

Rohfaser ist Bestandteil der Zellwände von Gras. Es gibt unterschiedliche Arten von Rohfaser: Zellulose, Hemizellulose und Lignin. Der Futterwert des Rauhfutters hängt davon ab, wieviel von jedem dieser Stoffe in dem Gras enthalten ist.

Zellulose ist in größeren Mengen in jungem Gras enthalten und wird vom

Links: Graswachstum im Jahresverlauf. Heu wird im Sommer geschnitten, wenn das Gras nicht sehr nährstoffreich ist und viel Lignin enthält.

Eiweißgehalt von Deutschem Weidelgras in Abhängigkeit vom Alter:				
Eiweiß	Entwicklungsstadium			
	1. Schnitt	2. Schnitt	3. Schnitt	4. Schnitt
g/kg TM	33,4	30,6	30,36	24,25
Prozentanteil Eiweiß im Gras	3,3	3,0	3,0	2,4

Pferd mit Hilfe der Bakterien in den hinteren Darmabschnitten verdaut. Wenn das Gras älter wird, steigt der Anteil an Hemizellulose. Dieser Stoff kann von Pferden nicht sonderlich gut verdaut werden, sie können aus solchem Gras weniger Nährstoffe ziehen.

> Pferde haben ein natürliches Kaubedürfnis. Die Rohfaser in Pulverform, wie sie in Pellets vorliegt, gibt ihnen keine Gelegenheit zur Befriedigung dieses Bedürfnisses.

Lignin hingegen findet sich, wenn das Gras hochgewachsen ist und anfängt, Blüten und Samen zu bilden. Es dient als Stützstoff für den Halm. Für ein Pferd ist das holzartige Lignin nur schwer verdaulich und kann die Absorption (Aufnahme) anderer Nährstoffe hemmen.

Je älter das Gras wird, desto geringer ist sein Futterwert. Deswegen muß es im Herbst mit zusätzlichem Futter ergänzt werden, im Frühling und Frühsommer dagegen nicht.

Mineralstoffe und Vitamine

Die Blätter des Grases enthalten mehr Kalzium, Magnesium, Schwefel, Molybdän und Eisen als die Halme. Ein Mangel an bestimmten Mineralstoffen hat meistens etwas mit der Bodenart zu tun, aber auch unausgewogene Düngung kann ein Grund sein. Das Weidegras kann nur die Nährstoffe enthalten, die in dem Boden vorhanden sind, auf dem es wächst.

Die Grasfütterung wird im Kapitel »Das Pferd auf der Weide« ausführlicher behandelt.

Heu

Heu ist durch Trocknung konserviertes Gras. Normalerweise wird Gras dann geschnitten, wenn es hochgewachsen ist, so daß man einen möglichst großen Ertrag hat. Leider hat es dann auch den geringsten Futterwert.

Das Ziel des Heumachens besteht darin, das Gras zu trocknen, so daß der Wassergehalt nicht mehr ausreicht, um die Aktivität von pflanzlichen und bakteriellen Enzymen zu ermöglichen. Heu sollte lediglich 15 bis 20 Prozent Wasser enthalten. Der Futterwert von Heu hängt davon ab, wo und wie gut es geerntet wurde. Wenn man sein Heu auf Vorrat kauft, ist es ratsam, es nur von einer Quelle zu beziehen. Es ist klar, daß Heu, das in unterschiedlichen Gegenden (Bodenqualität) gewachsen ist, auch unterschiedliche Nährstoffgehalte aufweisen wird. Der Darm des Pferdes muß sich an diese Veränderungen ebenso in entsprechend langer Zeit anpassen wie an die Verfütterung von Getreide oder Kraftfutter.

Wenn Gras zum Heumachen getrocknet wird, findet eine Oxidation statt, die als Farbverlust deutlich wird. Der Trocknungsvorgang führt auch zu Veränderungen im Nährwert des Grases. Das Ausmaß dieser Veränderungen ist vom Wetter abhängig. Regen wäscht lösliche Mineralstoffe, Zucker und Eiweiße aus dem Gras heraus, das zum Trocknen auf der Wiese liegt. Pflanzliche Enzyme verwenden das Wasser, um lösliche Kohlenhydrate und Eiweiße im Gras abzubauen. Je länger das Gras also zum Trocknen braucht, desto größere Wirkung können die pflanzlichen Enzyme entfalten, und desto höher sind die Nährstoffverluste. Außerdem findet eine Verringerung des

Wenn man größere Heumengen auf einmal kauft, kann sich eine Analyse lohnen. Zwei Heuproben können zwar völlig gleich aussehen, aber die eine kann trotzdem 6 Prozent mehr Eiweiß enthalten als die andere. Ein solcher Unterschied hat Einfluß auf die Menge an Kraftfutter, die man für eine ausgewogene Fütterung geben muß. Das ist wichtig, weil es anderenfalls leicht zu Über- oder Unterfütterung kommen kann.

Vitamingehaltes statt. So kann zum Beispiel die Vorstufe von Vitamin A, das Karotin (das auch in Möhren enthalten ist), von 100 bis 200 mg pro kg TM auf 15 bis 20 mg reduziert werden, je nachdem, wie lange das Gras zur Trocknung braucht.

Schimmel kommt vorwiegend in solchem Heu vor, das besonders lange zum Trocknen gebraucht hat. Heu aus einem nassen Sommer wird also wesentlich eher zur Schimmelbildung neigen als solches, das bei trockener Witterung geerntet wurde.

Die Sporen (Vermehrungsformen) von Schimmelpilzen, die in Heu und Stroh stecken, sind ein häufiger Grund für Atemwegsprobleme bei Pferden. Wenn man im Heu auch nur die geringsten Anzeichen für Schimmel sieht, sollte man es keinesfalls an Pferde verfüttern. Schon wenige schimmelige Stellen können zu ernsthaften Problemen führen, vor allem bei Pferden, die ohnehin anfällig für Atemwegserkrankungen sind.

Schimmelsporen kann man als Staubwolken sehen, die sich erheben, wenn man Heu schlechter Qualität aufschüttelt. Solches Heu kann man aufwerten, indem man es vor dem Füttern einige Stunden lang in Wasser legt. Aber auch Heu guter Qualität enthält genug Sporen, um Pferde schwer erkranken zu lassen. Reagieren Pferde bekanntermaßen empfindlich auf Schimmelpilzsporen, sollte man überhaupt kein Heu verfüttern. Solchen Pferden gibt man besser eine trockene Grassilage (Anwelksilage).

Heu sollte immer kühl und trocken gelagert werden. Wenn das Heu vor dem Einlagern nicht völlig trocken war, kommt es zu einer weiteren Verringerung des Futterwertes, denn es erhitzt sich im Heustock durch mikrobielle Tätigkeit, die Eiweiße verändern ihre Struktur und sind für Pferde nicht mehr verwertbar. Auch steigt der Gehalt an Pilzsporen.

Heufütterung

Heunetze: In manchen Ländern ist das die traditionelle Methode, Heu zu verfüttern. Sie hat den Vorteil, daß sie dem Menschen entgegenkommt: Man kann Heunetze gut vorbereiten, sie halten die Stallgasse sauberer und es wird weniger Futter verschwendet. Außerdem braucht das Pferd einige Zeit, um das Heu aus dem Netz zu ziehen. Dadurch frißt es langsamer, ist länger beschäftigt und speichelt das Futter gut ein.

Allerdings muß man daran denken, daß ein Pferd keine Giraffe ist. Durch das Heunetz trägt es den Kopf in einer unnatürlich hohen Haltung, die ihm unbequem sein kann. Manche Pferde schaffen es auch, ein Heunetz aufzuknoten. Hängt man das Netz hingegen zu tief,

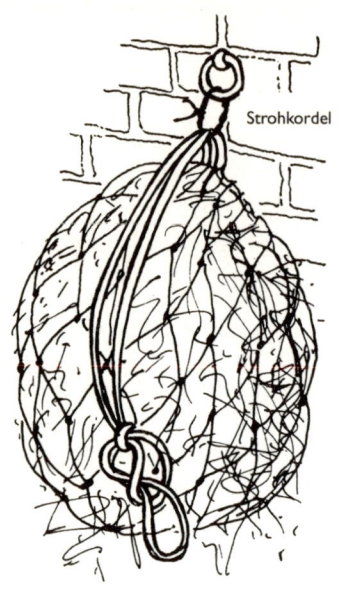

Strohkordel

Heunetze verhindern Futterverschwendung.

ren und den meisten Staub einatmet, so daß Atemwegsproblemen Vorschub geleistet wird.

Bodenfütterung: Diese Methode ist arbeitssparend und natürlich. Außerdem ist sie für das Pferd weniger gefährlich, weil es nichts gibt, worin es sich verfangen kann. Wenn man das Heu draußen auf der Wiese aufschüttelt, verringert das auch das Hustenproblem.

Der Nachteil dieser Methode ist, daß es dabei normalerweise recht unsauber zugeht und viel Futter verschwendet werden kann.

Wie man eine Heuraufe baut: Es ist nicht schwierig, am Boden in einer Ecke eine Heuraufe zu bauen. Man teilt dazu einfach eine Boxenecke ab, indem man senkrecht an den Wänden Leisten anbringt und darin ein Stück Hartfaserplatte herunterrutschen läßt, so daß ein Dreieck entsteht. Das ist ganz offensichtlich

können sich die Pferde mit den Hufen im Netz verfangen, wenn dieses im leeren Zustand tiefer herunterhängt, und sich dabei schwer verletzen.

Außerdem steckt das Pferd seine Nase mitten in das Heu, wo es die meisten Spo-

> Einmal pro Woche sollte man die Heuration wiegen, so daß man weiß, wieviel man füttert. Ein Hochdruckballen Heu wiegt ungefähr 17 kg, eine Scheibe davon normalerweise 1–2 kg.

Gutes Heu:
- sollte von grüner Farbe sein;
- muß angenehm riechen, nicht dumpf oder muffig, aber auch nicht süßlich;
- darf beim Aufschütteln nicht filzig zusammenhängen, nicht staubig sein und nicht zum Husten reizen;
- sollte keinerlei Spuren von Schimmel oder Feuchtigkeit enthalten. Um das zu überprüfen, wird man einige Ballen öffnen müssen.
- Unkräuter wie Ampfer, Brennesseln und Disteln sind unerwünscht.
- Stengelreiches Heu hat den Blattanteil durch Bröckelverluste während der Ernte weitgehend verloren und ist daher weniger wertvoll.

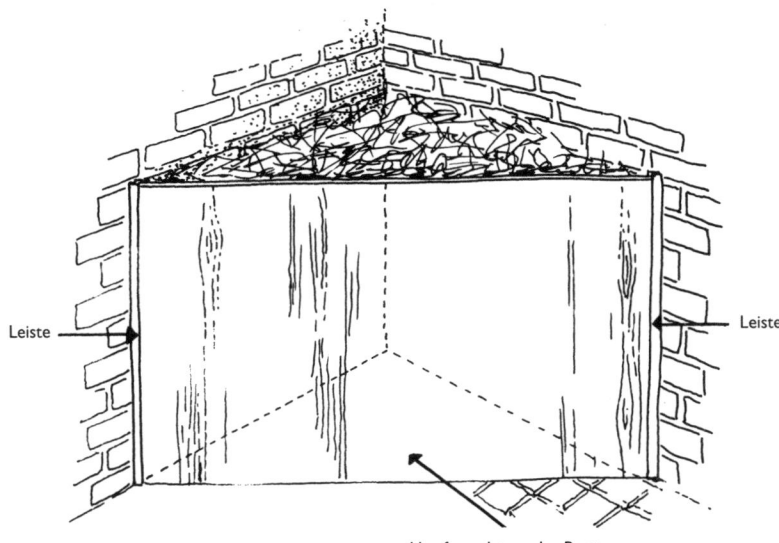

Leiste → ← Leiste

Hartfaserplatte oder Brett

Naturgemäßer ist es für Pferde, wenn das Heu am Boden gefüttert wird.

eine sauberere und mit weniger Verschwendung verbundene Methode, als das Heu einfach auf den Boden zu legen. Man muß die Abtrennung allerdings wöchentlich herausnehmen, um dahinter den Boden zu kehren und die Futterreste zu entfernen.

Heu wässern

Oft wird empfohlen, Heu vor der Verfütterung mindestens eine halbe Stunde einzuweichen. Man braucht dafür eine Wasserwanne oder einen anderen Behälter, der groß genug ist, um das Heu völlig darin eintauchen zu können.

Das Heu sollte naß sein, wenn es an das Pferd verfüttert wird. Wenn es also

nach einem früheren Wässern schon wieder getrocknet ist, muß es noch einmal gewässert werden. Das Heu gibt beim Wässern einige Nährstoffe in das Wasser ab. Deswegen ist es besser, wenn man wiederholtes Wässern vermeidet und nur einmal gründlich wässert.

Wichtig ist es, für jede neue Partie Heu sauberes Wasser zu verwenden. Am Schluß eines jeden Wässerungsvorganges sollte man das Wasser daher ablassen und den Behälter säubern, bevor man ihn wieder befüllt.

Alternativen zu Heu

Heulage

Dabei handelt es sich um ein Zwischending zwischen Heu und Grassilage, oftmals auch als Heusilage oder Anwelksilage bezeichnet. Dieses konservierte Gras wird im selben Wachstumsstadium geschnitten wie Heu, so daß es einen ähnlichen Futterwert hat; das sollte man mit dem Futterhersteller abklären. Für Heusilage wird das Gras weder sofort siliert, wie für Grassilage, auch nicht auf 20 % Wassergehalt heruntergetrocknet, wie zur Heugewinnung, sondern auf eine Feuchte von etwa 50 % eingestellt. Dann wird es luftdicht verpackt, im eigenen Saft »eingelegt« und dadurch konserviert, weil die entstehende milchsaure Gärung alle schädlichen Bakterien im Idealfall unterdrückt.

Weil Heulage nicht so lange vorgetrocknet werden muß wie Heu, ist der Futterwert höher. Außerdem ist man weniger wetterabhängig. Heulage ist feucht und daher staubfrei. Dadurch ist sie besonders für solche Pferde geeignet, die gegenüber Schimmelsporen empfindlich sind.

Trotzdem hat sie auch Nachteile:
- Sie ist teuer (was allerdings auch auf den Tierarzt zutrifft, den man rufen muß, wenn das Pferd vom schimmeligen Heu eine Atemwegserkrankung bekommt.)
- Sie muß innerhalb von drei bis vier Tagen nach dem Öffnen des Ballens verbraucht werden, weil sie durch den Kontakt zum Sauerstoff der Luft zu gesundheitsschädlichen Nachgärungen neigt.
- Pferde fressen sie rasch, weil sie geschmacklich attraktiv ist. Dadurch können sie dann nachher stundenlang ohne Rauhfutter dastehen. Das Problem läßt sich lösen, indem man die Heulage aus einem Heunetz mit kleinen Löchern füttert.

Heulage in Großballen

Solche Heulage ist ideal für große Ställe oder private Halter mit mehreren Pferden. Sie wird genauso hergestellt wie die Heulage in den kleinen Ballen, ist oft aber zusätzlich beimpft. Zum Beimpfen dienen Bakterien (Laktobazillen), die denen ähneln, die man von Natur aus auf dem Gras findet. Sie sorgen dafür, daß der gesamte Großballen gleichmäßig und zügig fermentiert wird.

Zum Umgang mit Heulage in Großballen braucht man spezielle Maschinen. Eine Lagerung der Großballen auf der Weide ist zwar möglich, aber dennoch risikoreich. Nicht selten wird die Folie von Mäusen und Ratten angefressen, dadurch entsteht Luftzutritt, und der Inhalt verdirbt durch unkontrollierte Nachgärungen. Verdorbene Silage ist für Pferde gesundheitsschädlich, sie führt zu schweren Verdauungsstörungen und kann, wenn das Futter mit Botulismusbakterien befallen war, sogar tödlich sein.

Stroh

Stroh besteht aus den Getreidehalmen, die nach der Ernte übrigbleiben. Es hat denselben Futterwert wie Heu aus Gras, das zur Samengewinnung angebaut wurde, das heißt, daß alle die Pflanzenteile entfernt worden sind, die einen hohen Nährwert hatten, und nur die Rohfaser noch übrig ist. Weil die Blätter und Samen entfernt worden sind, ist Stroh normalerweise weniger staubig, es sei denn, es wurde schlecht getrocknet oder unzweckmäßig gelagert.

Gutes Futterstroh ist eine ernstzunehmende Alternative zu minderwertigem

Wichtig: Alle Strohkordeln müssen entfernt werden, bevor man das Heu verfüttert. Im Heulagerraum sollte sich eine Schere befinden und ein Sack, in dem man die aufgeschnittenen Schnüre sammelt.

weiß. Wenn man also nicht gerade ein übergewichtiges Pferd hat, muß man das Rauhfutter ergänzen. Dazu kann man natürlich Kraftfutter benutzen, aber vor allem in England ist es üblich, diese Ergänzung teilweise auch mit handelsfertigen Häckselmischungen vorzunehmen.

Heu und kann eine wertvolle Rauhfutterquelle darstellen, vor allem für Ponys, die zu Hufrehe neigen. Haferstroh ist am besten, meist bekommt man aber nur Weizen- oder Gerstenstroh. Die Grannen aus der Gerste gelten mittlerweile nicht mehr als verdauungsstörend. Roggenstroh ist nicht nur selten auf dem Markt, sondern wird von vielen Pferden aufgrund seines bitteren Geschmacks auch verschmäht.

Heu kann mit Stroh vermischt werden, so daß man dem Pferd mehr Volumen anbietet, ohne dadurch den Futterwert zu erhöhen. Man kann mit Stroh auch Heulagen strecken.

Rauhfutterergänzung

Die meisten konservierten Rauhfuttermittel enthalten nicht genügend Vitamine und Mineralstoffe, Stroh ist arm an Ei-

Häcksel

Häcksel kann nicht nur aus Heu bestehen, sondern mit einem hohen Prozentanteil von Melasse (manchmal bis zu 40%) oder ähnlichem vermischt sein, um den Nährwert und die Schmackhaftigkeit zu erhöhen. Bei manchen werden auch Kräuter, Vitamine und Mineralstoffe eingemischt. Dieses Verfahren ist ernährungsphysiologisch günstig, denn man stellt damit weitere Rohfaser in einer schmackhaften Form zur Verfügung und reduziert die erforderliche Kraftfuttermenge. Große Kraftfuttermengen sind für Pferde immer problematisch. Besonders für Ponys, die eigentlich kein zusätzliches Futter brauchen, die man aber beschäftigen muß, während die anderen ihr Futter bekommen, sind solche Häckselmischungen geeignet.

Häcksel eignet sich aber vor allem hervorragend zum Strecken von konzentriertem Kraftfutter, da es die Freßdauer bei verbesserter Einspeichelung verlängert und damit Verdauungsstörungen

Stroh und minderwertiges Heu kann man mit Cobs oder rohfaserreichem Kraftfutter ergänzen, um den Futterwert zu verbessern und Vitamine sowie Mineralstoffe bereitzustellen.

Wenn man Pellets verwenden muß und kein Heu hat, sollte man häufiger füttern und Stroh zur freien Verfügung anbieten, damit Rohfaserbedarf und Kaubedürfnis gestillt werden.

vorbeugen kann. Häcksel hat keinen höheren Nährwert als die Rohstoffe, aus denen es gemacht ist. Nur die eventuell zugesetzte Melasse ist energiereich. Forschungsergebnisse über die Auswirkungen einer hohen Melasseaufnahme auf die Zähne von Pferden (Melasse ist ein Nebenprodukt der Zuckerherstellung) liegen allerdings nicht vor.

Die Rohfaser im Häcksel liegt in zerkleinertem Zustand vor, so daß man es nicht als Ersatz für Heu und Stroh betrachten darf.

Rohfaserreiche Kraftfutter (Alleinfutter)

Rohfaserreiche Kraftfutter nehmen aufgrund ihrer Zusammensetzung eine Stellung zwischen Rauhfutter und Kraftfutter ein. Sie werden aus Komponenten hergestellt, die wenig Energie und Eiweiß, aber viel Rohfaser enthalten. Wenn man den Sackanhänger liest, findet man darauf Zutaten wie Kleie und Grießkleie, aufgeschlossenes Stroh, Grünmehl und Mehle aus Getreiderohfaser (»Nachmehle« von Hafer, Gerste oder Weizen, die nicht aus dem Getreidekorn bestehen, sondern aus dem rohfaserhaltigen Spelzenteil).

Es ist nicht ratsam, rohfaserreiche Kraftfutter als Heuersatz zu verwenden. Eher können sie als Ergänzung zu Heu

oder Rauhfutter gelten. Die Rohfaser in den Pellets ist zu Pulver vermahlen, so daß das Pferd kaum Kauarbeit leisten muß und in einigen Fällen die Pellets einfach herunterschlingen wird. Pferde sollten ständig kleine Mengen an Futter zu sich nehmen können, was sie mit Rohfaser in Pelletform nicht tun. Rohfaserreiche Kraftfutter und sogenannte Alleinfutter werden in Deutschland recht häufig eingesetzt – aber in Deutschland sind auch Koliken sehr häufig! Der Begriff des Alleinfutters ist also nicht richtig, denn auch diese Futter müssen unbedingt durch Stroh oder Heu ergänzt werden.

Luzerne

Luzerne ist eine Leguminose, gehört also in dieselbe Pflanzenfamilie wie Klee, Erbsen und Bohnen. Diese Pflanze wird als Grundfutter auf der ganzen Welt angebaut und an mehr Tiere verfüttert als jede andere Art von Grundfutter. Man kann sie als Kraftfutter oder als Grundfutter betrachten. Die gesamte Pflanze wird verwertet.

Luzerne kann als Heu verfüttert werden (im Freien sonnengetrocknet), als Luzernegrünmehl (heißluftgetrocknet) oder in Form von Pellets oder Cobs (normalerweise heißluftgetrocknet).

Im Vergleich mit den meisten anderen Grund- und Rauhfuttern hat Luzerne ei-

Luzerne wird oft mit standardisiertem Eiweißgehalt verkauft, z. B. mit 15 %, enthält aber wenig Energie. Ein hoher Eiweißgehalt bedeutet nicht, daß auch der Energiegehalt hoch ist. Mais gehört z. B. zu den Getreidearten mit dem höchsten Energiegehalt, hat aber gleichzeitig einen der niedrigsten Eiweißgehalte. Er kann sich daher zur Ergänzung der Weide eignen.

nen hohen Futterwert. Sie stellt eine ausgezeichnete Eiweißquelle dar und enthält gleichzeitig wertvolle Rohfaser, Kalzium und andere Mineralstoffe. In Form von Cobs ist sie eine ausgezeichnete Rohfaserquelle für Pferde, die an Stauballergie leiden, weil sie praktisch staubfrei ist. Luzerneheu ist gerne staubig, wird aber trotzdem oft an Rennpferde verfüttert.

Luzerne unterscheidet sich insofern von Getreide, als sie viel Eiweiß enthält, gleichzeitig aber arm an Energie ist, während Getreide, die viel Eiweiß enthalten, meistens auch viel Energie aufweisen.

Verglichen mit Getreide enthält Luzerne nur geringe Mengen an löslichen Kohlenhydraten.

Der Hauptgrund für die Verfütterung von Getreide und Kraftfutter ist, daß man Nährstoffmangel im Heu ausgleichen will. Luzerne ist im Futterwert dem Kraftfutter ähnlich, so daß man sie anstelle von Getreide einsetzen kann; gleichzeitig ist sie für den Darm des Pferdes besser.

Luzerne wird heute in vielen Ländern als vorteilhafter Grundbestandteil einer Pferderation angesehen, wie das bei Hafer schon seit Jahren der Fall ist.

Kraftfutter (Einzelfuttermittel)

Unter Kraftfutter versteht man einerseits das reine Getreide, das für Pferde sehr energiereich ist und in verschiedenen Formen verfüttert wird.

Andererseits werden aber auch zubereitete Mischungen aus verschiedenen Getreidebestandteilen so bezeichnet, die zumeist mit Vitaminen und Mineralien ergänzt werden sowie kleine Mengen Grünmehl und Melasse enthalten, um die Pelletierbarkeit zu gewährleisten. Diese Kraftfutter heißen offiziell Mischfutter. Sie kommen überwiegend als Pellets auf den Markt, teilweise aber auch als Müslifutter, also gemischt mit ganzen Getreidekörnern und anderen Bestandteilen. Für Pferde, die viel geritten werden oder mehr Energie brauchen, als das Rauhfutter hergibt, muß die Ration mit diesem energiereichen Kraftfutter ergänzt werden. Ohne Kraftfutter wären unsere modernen Pferde zu bestimmten Leistungen nicht in der Lage, etwa zum Turniersport, oder wir könnten alte Pferde, Jungtiere und Zuchtstuten nicht angemessen füttern.

Getreidekörner sind Samen von sogenannten »Monokotyledonen«, von Pflanzen mit nur einem Keimblatt. Zum Getreide zählen Hafer, Gerste, Mais und Weizen.

Als Einzelkraftfutter werden hauptsächlich die verschiedenen Getreidearten eingesetzt, und diese bilden auch die Grundlage für die Mischfutter.

Getreidekörner sind Kohlenhydratkonzentrate, denn ihr Hauptinhaltsstoff ist Stärke, die im Endosperm, dem Mehlkörper, eingelagert wird. Alle Getreide enthalten wenig Kalzium und viel Phosphor, und auch der Gehalt an Lysin (einer essentiellen Aminosäure) ist niedrig. Getreide kann man als ganze Körner, gequetscht, mikronisiert oder extrudiert (hitzebehandelt) bekommen. Man muß aber daran denken, daß Getreide zwar oft ein höchst wichtiger Bestandteil der Futterration unserer Pferde ist, aber kein Futtermittel, für das der Verdauungstrakt von Natur aus eingerichtet ist. Getreide muß also mit Bedacht verfüttert werden.

Ganze Getreidekörner: Sie eignen sich ideal zur Pferdefütterung, solange die Pferde gute Zähne haben. Alle Getreidearten können als ganze Körner verfüttert werden. Gerste und Weizen müssen allerdings vorher in heißem Wasser eingeweicht oder gekocht werden, um die Schale aufzuweichen.

Gequetschtes Getreide: Beim Quetschen wird die Spelze entfernt und das Getreidekorn zerdrückt. Allerdings wird damit der Mehlkörper der Luft ausgesetzt, wodurch der Futterwert im Verlauf von etwa zwei Wochen deutlich gemindert und das Fett ranzig wird. Man muß sich also bei seinem Futtermittelhändler erkundigen, wie lange der Quetschhafer schon im Lager war.

Mikronisiertes Getreide: Beim Mikronisieren wird das Getreide in einem Gerät, das einer Mikrowelle ähnelt, in Flockenform gebracht und getoastet. Weil es dabei gekocht wird, spalten sich die langen Stärkemoleküle teilweise auf. So kann das Pferd die Stärke leichter verdauen. Verglichen mit ganzen Getreidekörnern sind die Flocken auch leichter und haben eine größere Oberfläche, so daß das Pferd zum Fressen länger braucht.

Extrudiertes Getreide: Beim Extrudieren wird das Getreide unter hohem Druck gekocht – der Vorgang ähnelt der Herstellung von Popcorn. Am besten lassen sich diejenigen Getreidearten extrudieren, die wenig Rohfaser und viel Fett enthalten. Beim Extrudieren werden die Stärkemoleküle aufgespalten. Extrudiertes Getreide wiegt weniger als Getreide in Form von Pellets, so daß das Pferd zum Fressen länger braucht.

Hafer

Hafer ist der meistverwendete Bestandteil im Pferdefutter und wird auf der ganzen Welt eingesetzt. Hafer ist auch die sicherste Möglichkeit, wenn man im Zweifel darüber ist, was man füttern soll.

> Von allen Getreidearten enthält Hafer am wenigsten Energie – weniger als Weizen, Gerste und Mais.

Hafer wird in der ganzen Welt als Pferdefutter verwendet.

Der Futterwert hängt vom Anteil der Spelzen ab, die 25 bis 35 Prozent des Getreidegewichtes ausmachen können.

Gelegentlich wird die Meinung vertreten, Hafer würde Pferde und Ponys zu quirlig machen – »den sticht der Hafer!«. Für diese Wirkung gibt es aber noch keine wissenschaftliche Begründung. Bevor man dem Hafer die Schuld gibt, wenn ein Pferd zu hektisch wirkt, sollte man erst einmal überprüfen, ob die Energieversorgung im allgemeinen nicht zu hoch ist. Vermutlich wird die Stärke (also die Energie) aus Hafer etwa zwei Stunden nach dem Füttern freigesetzt und damit ungefähr zu der Zeit, in der das Pferd normalerweise geritten wird.

Eine besondere Art von Hafer ist unter der Bezeichnung Nackthafer im Handel. Er enthält 27 % mehr Energie als normaler Hafer, da er keine Spelzen hat. Nackthafer wiegt auch mehr als die volumenmäßig gleiche Menge an normalem Hafer. Nackthafer scheint nicht dieselbe aufputschende Wirkung zu haben wie normaler Hafer. Der Grund könnte darin liegen, daß Nackthafer viel Fett enthält, dessen Energie langsam freigesetzt wird. Ein anderer Grund könnte sein, daß man aufgrund des höheren Energiegehaltes tatsächlich zunächst abwiegt, wieviel man eigentlich füttert, und besser aufpaßt, nicht zuviel zu geben.

Verfütterung von Hafer

Man kann Hafer als ganzes Korn verfüttern, wenn man nicht gerade ein sehr junges oder ein sehr altes Pferd hat (es braucht gute Zähne). Das Verfüttern von ganzen Körnern ist eine gute Methode, weil so der Hafer weniger staubig ist und noch seinen ganzen Futterwert hat. Beim Quetschen werden die Spelze und das Korn selbst aufgebrochen, so daß der Luftsauerstoff Zutritt hat. Das führt dazu, daß chemische Abbauprozesse auftreten, die den Futterwert reduzieren und einen ranzigen Geschmack bewirken.

Viele Leute rümpfen die Nase, wenn vom Verfüttern ganzer Haferkörner die Rede ist. Sie argumentieren, daß das Pferd die Körner nicht verdaut, sondern sie im Ganzen mit dem Mist wieder ausscheidet, was deutlich zu sehen sei. Würden diese Leute genauer hinsehen, könnten sie erkennen, daß nur die Spelzen (die unverdauliche Rohfaser) den Verdauungstrakt passiert haben, während das Korn selbst verdaut worden ist. Wenn ein Pferd allerdings den Hafer herunterschlingt und nicht richtig kaut, können einige Körner den Verdauungstrakt unverdaut passieren.

Man muß daran denken, daß ein Pferd bei einer traditionellen Heu-und-Hafer-Ration unter starkem Kalziummangel leidet und wahrscheinlich auch mit Eiweiß unterversorgt ist. Diese Ration muß also ergänzt werden. Dazu kann man einsetzen:

- Luzerne: Kalziumgehalt hoch Eiweißgehalt hoch Energiegehalt niedrig
- Zuckerrüben-schnitzel: Kalziumgehalt hoch Eiweißgehalt niedrig Energiegehalt relativ hoch
- Spezielle Hafer-Ergänzungsfuttermittel: Vitamin- und Mineralgehalt hoch Eiweißgehalt relativ hoch Energiegehalt relativ hoch

Als Alternative kann man die Ration auch durch Verfüttern eines normalen Ergänzungsfuttermittels (Vitamine, Mineralstoffe, Eiweiß) aufwerten.

Gerste

Gerste ist ein kleinkörniges Getreide mit harter Hülle (Außenspelze). Deswegen kann es vorteilhaft sein, die äußere Hülle aufzuweichen oder aufzubrechen, bevor die Gerste verfüttert wird. Die einfachste Methode ist, eine Stunde vor dem Füttern kochendes Wasser darüber zu gießen.

Gekochte Gerste

Einige Pferdehalter verfüttern ihren Pferden im Winter gerne etwas warme Gerste. Das kann man täglich tun, sollte sich aber vergewissern, wieviel Gerste (Gewicht!) man füttert, bevor man das Wasser zugibt. Diese Futterportion muß mit der Gesamtration abgestimmt werden.

Die Gerste muß ganz mit Wasser bedeckt sein und so lange bei geringer Wärmezufuhr gekocht werden, bis das Korn weich ist: etwa sechs bis acht Stunden lang. Wenn man den Küchenherd benutzt, sollte man einen tiefen, breiten Topf verwenden und darauf achten, daß die Gerste nicht überkocht oder das Wasser verkocht. Der Vitamingehalt wird durch das Kochen erheblich reduziert, und natürlich kann warmes Futter die Körpertemperatur des Pferdes nicht erhöhen.

Mikronisierte und extrudierte Gerste

Auch mikronisierte oder extrudierte Gerste ist leichter verdaulich. Extrudierte Gerstenfutter werden gelegentlich mit Leinöl versetzt.

Man kann aus dieser Art von Gerste auch Mash machen, indem man heißes Wasser darübergießt und die Mischung stehenläßt, bis sie soweit abgekühlt ist, daß man sie füttern kann.

Extrudierte Gerste wiegt beim gleichen Volumen weniger als unverarbeitete Gerste, weil sie weniger dicht liegt: Eine Schaufel extrudierte Gerste wiegt 1 kg, mikronisierte Flocken dagegen 1,1 kg. Wenn man eine Schaufel extrudierte Gerste füttert, erhält das Pferd damit weniger Energie als aus einer Schaufel mikronisierter Gerste. Außerdem frißt es die extrudierte Gerste langsamer.

Weizen

Weizen wird normalerweise nicht als Einzelfuttermittel für Pferde verwendet, weil er viel Gluten (Klebereiweiß) enthält, das fein vermahlenen Weizen unschmackhaft für Pferde macht und vor allem zu Verdauungsstörungen führen kann. Diese Eigenschaft bewirkt auch manchmal, daß sich im Maul des Pferdes eine pastöse Masse bildet. Außerdem enthält Weizen viel Stärke. 85 Prozent seines Endosperms, also seines Mehlkörpers, bestehen aus Stärke. Die großen Stärkemengen werden unter Umständen im Dünndarm nicht vollständig abgebaut und erreichen dann den Dickdarm, wo sie zu Fehlgärungen führen können.

Ein weiterer Grund für die geringe Verbreitung von Weizen als Pferdefutter ist sicher auch, daß dieses Getreide auf dem Markt für die menschliche Ernährung gut bezahlt wird. Dadurch wird Weizen zu einem recht teuren Futter. Beim Brotbacken sorgt das Klebereiweiß für Elastizität und Teigstabilität.

Weizen wird daher an Pferde meistens nur in Form von Nebenprodukten oder getoastet verfüttert. Die beiden Weizennebenprodukte, die an Pferde hauptsächlich verfüttert werden, sind Weizenkleie und altes Brot. Altbrot ist jedoch kein Futter im eigentlichen Sinne, sondern nur in kleinen Mengen als Belohnung geeignet.

Gerste enthält mehr Energie und weniger Rohfaser als Hafer, macht aber nicht dicker als jedes andere Getreide, wenn sie nach Gewicht verfüttert wird und nicht nach Volumen. Es gibt auch keine Beweise dafür, daß Gerste beim Pferd dazu führt, Fett um Herz, Lunge und Nieren anzusetzen. Jegliche Futtergabe, die über den Bedarf hinausgeht, wird überall zu Gewichtsansatz führen. Pferde müssen an Gerste langsam gewöhnt werden.

Kleie

Kleie besteht aus den Hüllspelzen und den äußeren Schichten des Weizenkorns und ähnelt im Energiegehalt minderwertigem Hafer.

Kleie enthält viel Eiweiß, das allerdings für das Pferd nicht gut verwertbar ist, Rohfaser und Phosphor und wenig Kalzium. Der Phosphor in der Kleie kann dazu führen, daß das Kalzium aus anderen Futtermitteln vom Pferd nicht richtig verdaut wird. Außerdem kann der Bildung von Darmsteinen Vorschub geleistet werden.

Da Kleie viel Rohfaser enthält, nimmt sie viel Wasser auf und wirkt dadurch abführend. Dieser Effekt ist oft erwünscht, kann aber bei exzessiver Verfütterung auch einen negativen Effekt auf die Bakterien in den hinteren Darmabschnitten haben.

Kleiemash

Kleie wurde früher einmal pro Woche als Kleiemash für Pferde eingesetzt, die einen Ruhetag einlegen sollten.

Kleiemash kann man in den ersten vierundzwanzig Stunden einer akuten Hufrehe einsetzen, um die schädlichen Bakterien aus dem Darm zu entfernen. Man kann es auch zur Vorbeuge gegen Koliken benutzen, sollte das aber vorher mit dem Tierarzt absprechen.

Rezept: Auf die Kleie kochendes Wasser gießen, so daß eine dickliche, breiige Masse entsteht, die weder allzu wäßrig noch allzu dick ist. Das macht man in einem Plastikeimer und deckt ihn mit einem Handtuch ab. Dann läßt man das Ganze durchziehen, bis es auf eine handwarme Temperatur abgekühlt ist. Man

kann außerdem vorgekochten Leinsamen, kleingeschnittene Möhren und Äpfel sowie etwas Kochsalz hinzufügen.

Altbrot

Brot enthält viel Energie und Eiweiß, aber wenig Kalzium und andere für Pferde wichtige Mineralstoffe. Es muß gut durchgetrocknet sein, um lagerfähig zu werden und Schimmelbildung zu vermeiden. Nur bei ganz trockenem Brot sind die Pferde zu sorgfältigem Kauen gezwungen. Altbrot wird nur in kleinen Mengen als Belohnung eingesetzt. Die Verwendung größerer Mengen birgt auch im trockenen Zustand das Risiko von Schlundverstopfungen und schweren Verdauungsstörungen. Ideal ist Vollkornbrot, ungünstig sind Weißbrote. Kuchen- und Keksreste sollten keine Verwendung finden.

Mais

Mais enthält weniger Rohfaser, aber mehr Energie als Hafer. Dadurch wird er zu einer nützlichen Energiequelle für

Oben links: Kleine Leckereien auf der Weide schaffen Vertrauen …
Oben rechts: … und vertiefen die Bindung zwischen Pferd und Reiterin auch außerhalb der Reitbahn!
Unten links: Auch Rundraufen sind eine Möglichkeit, Heu in Pferdegruppen sparsam und in ruhiger Atmosphäre zu verfüttern.
Unten rechts: Heunetze dürfen niemals so tief hängen: Pferde können sich mit den Hufen darin verfangen und schwer verletzen. Für Fohlen und Jungpferde sind Heunetze ungeeignet.

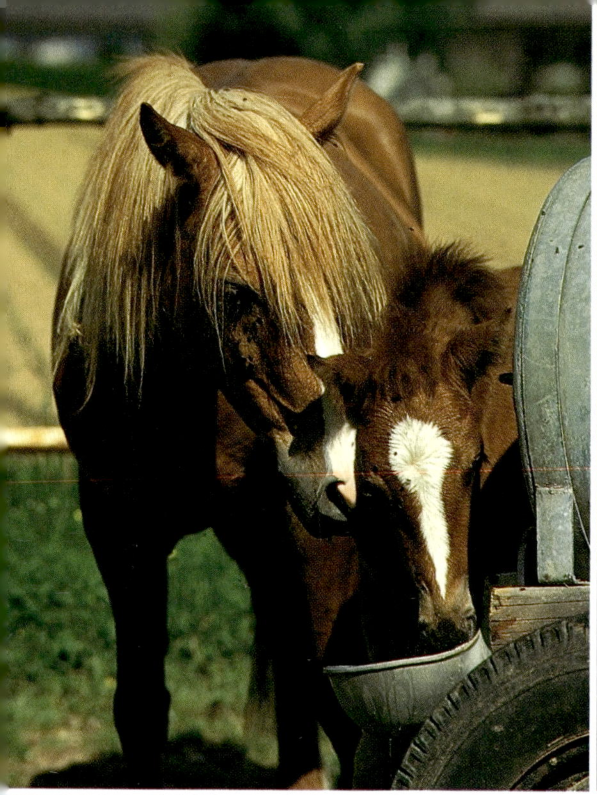
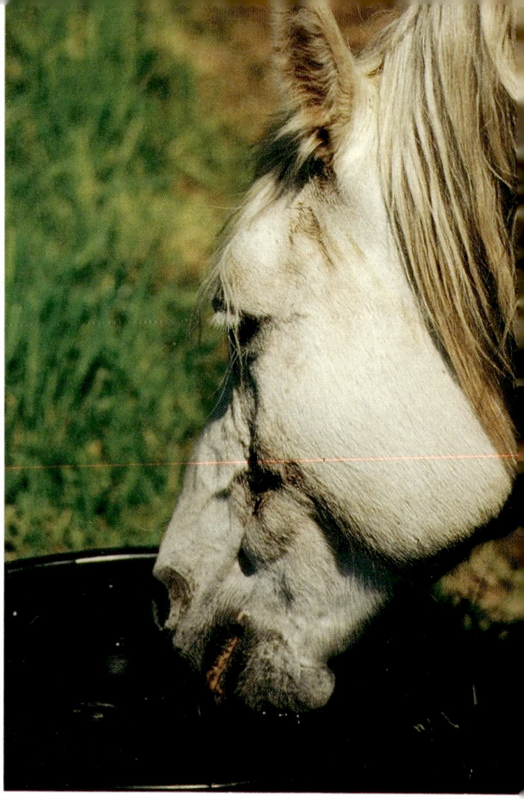
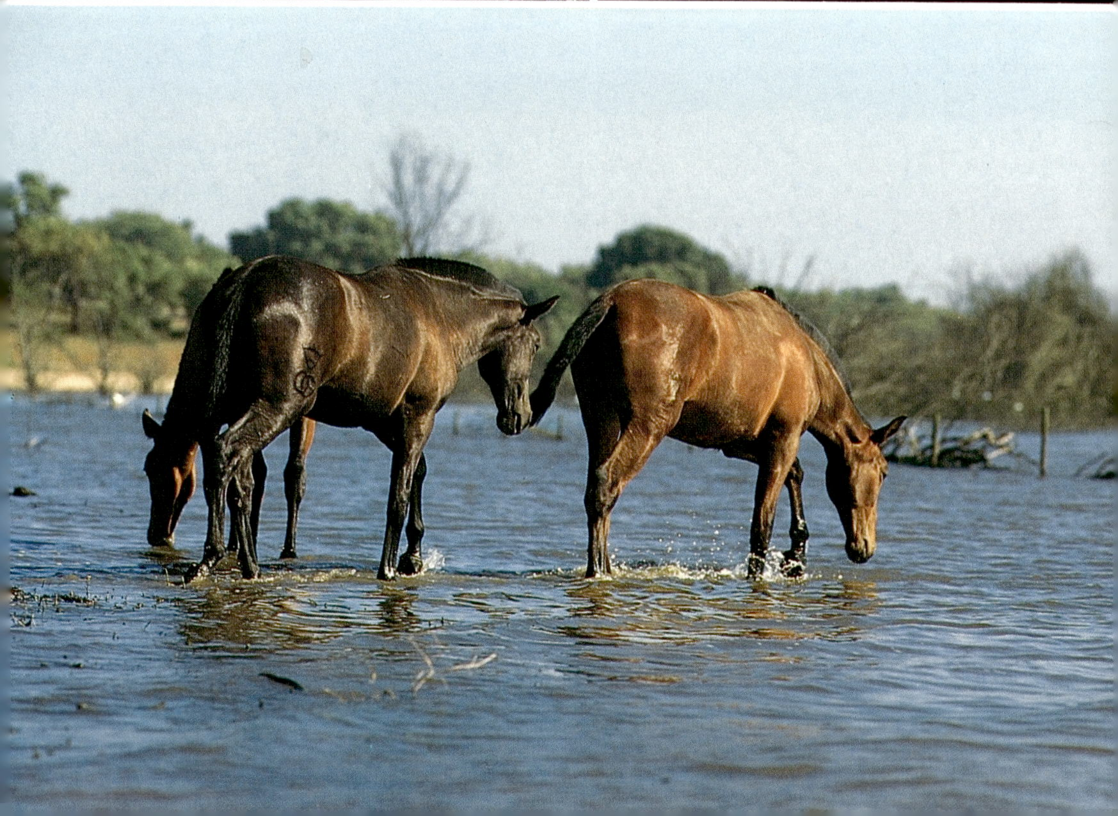

schlechte Fresser, denn man muß geringere Mengen geben, um das Pferd mit Energie zu versorgen. Er kann gebrochen oder mikronisiert verfüttert werden.

Viele Leute denken bei Mais an Schweinefutter. Tatsächlich ist er als Pferdefutter aber gut geeignet, wenn man seinen hohen Energiewert richtig nutzt. Die meisten Pferde in den USA etwa erhalten Mais, der sich sehr ausgeglichen in Kombination mit Luzerne einsetzen läßt.

> Mais enthält mehr Energie als Weizen, Gerste und Hafer, aber weniger Eiweiß.

Leinsamen

Leinsamen ist kein Getreide. Es handelt sich vielmehr um die Samen der Flachspflanze. Er enthält viel Öl (30 %) und Eiweiß (20 %). Er ist insofern einzigartig, als er 30–100 g/kg pflanzliche Schleimstoffe enthält, die eine gelartige Masse bilden, wenn die Samen gekocht werden.

Pferden scheint eine kleine Menge Leinsamen gutzutun. Der Grund ist wahrscheinlich, daß die Schleimstoffe das Futter gleitfähig machen und die Darmwände vor mechanischen Beschädigungen schützen. Außerdem kann er Verstopfungen vorbeugen, ohne zu sehr abführend zu wirken, und verhilft dem Pferd zu einem glänzenden Fell.

> Leinsamen enthält einen Stoff, Linamarin, der für Pferde giftig sein kann. Das Enzym, das für die Freisetzung des Gifts verantwortlich ist, wird durch Abkochen zerstört.

Kochanleitung: Pro Tag kann man bis zu 100 g verfüttern. Man gibt die Samen direkt in kochendes Wasser und läßt sie dann etwa eine Stunde köcheln. Dazu ist reichlich Wasser erforderlich, damit sich genügend Schleim bilden kann. Nach dem Abkühlen kann man die Körner und den Schleim dem Futter zugeben, mit dem sie gemischt werden sollen.

Angenehmer ist es allerdings, mit Hitze vorbehandelten Leinsamen für Pferde zu erwerben, der zwar weniger Schleimstoffe enthält, dafür aber auch kein potentiell giftiges Linamarin mehr.

Zuckerrübenschnitzel

Die Zuckerrübe gehört in dieselbe Familie wie die Kartoffel. Bei der industriellen Verarbeitung zur Zuckerextraktion bleibt rohfaserhaltiges Fruchtfleisch übrig. Dieses Fruchtfleisch wird getrocknet und als Zuckerrübenschnitzel in Pelletform verkauft. Das noch nasse, lose Fruchtmark ist aufgrund der mangelnden Lagerfähigkeit (Gärgefahr) als Pferdefutter kaum zu handhaben und auch im silierten Zustand nur problematisch zu verfüttern.

Oben links: Wasserwagen sind eine gute Lösung für abgelegene Weiden ohne Wasseranschluß.
Oben rechts: Wasserbottiche sollten regelmäßig gereinigt werden, im Sommer täglich.
Unten: Natürliche Gewässer eignen sich nur als Pferdetränke, wenn sie sauber sind und keine Verletzungsgefahren bergen.

Zuckerrübenschnitzel ähneln vom Energiewert her minderwertigem Hafer, wobei diese Energie aber aus verdaulicher Rohfaser und aus Saccharose stammt und nicht aus Stärke. Man kann sie für Pferde, die nur wenig geritten werden, als alleinige Energiequelle einsetzen, wenn man sie mit Luzerne oder anderen rohfaserreichen Futtern kombiniert.

> Zuckerrübenschnitzel sind eine gute Quelle für Kalzium, Energie und verdauliche Rohfaser.

Zur Lagerung sollte man die Zuckerrübenschnitzel in einen deutlich gekennzeichneten Behälter geben, so daß niemand sie mit Kraftfutterpellets verwechseln kann. Auch auf den Deckel sollte man eine Warnung kleben. Zum Verfüttern weicht man sie 24 Stunden lang in doppelt soviel Wasser ein, wie die Pellets wiegen.

Zuckerrübenschnitzel sind ideal für Pferde, die aufgrund hoher Leistungen bei warmem Wetter viel schwitzen. Sie enthalten Pektin und dienen in den hinteren Darmabschnitten des Pferdes als Wasserspeicher, weil sie Wassermoleküle anziehen und festhalten. Weil sie außerdem rohfaserhaltig sind, stellen sie langsam verfügbare Energie bereit – ideal für Pferde, die lange Strecken gehen müssen, und für solche, die auf schnell verfügbare Energiequellen mit Temperamentsausbrüchen reagieren.

Öl und Fett

Öl ist eine ausgezeichnete Energiequelle für Pferde. Es setzt die Energie langsam frei und enthält weder Stärke noch Eiweiß. Pferde haben keine Gallenblase und bilden zur Verdauung von Fett ständig Gallenflüssigkeit. Die Fettverdauung findet im Dünndarm statt. Fett kann einen Teil der Energie ersetzen, die traditionell durch Getreide (Stärke) bereitgestellt wird.

Der größte Teil der Forschungsarbeiten zur Verfütterung von Fetten an Pferde wurde mit Sojaöl und anderen Pflanzenölen durchgeführt. Tierisches Fett (Talg) ist eine billigere Art von Fett, scheint aber weniger gut verdaulich zu sein als pflanzliches Fett.

Öl kann man im Supermarkt kaufen, aber es gibt auch verschiedenste Hersteller, von denen man es beziehen kann, und meistens ist es preisgünstiger, direkt vom Hersteller zu kaufen. Man gießt das Öl einfach über das Futter: Zwei Eßlöffel pro Tag sorgen bereits für ein glänzendes Fell. Öl ist eine ernstzunehmende Energiequelle, vor allem für Pferde, die auf schnell freiwerdende Energie unerwünscht heftig reagieren.

> Bei warmer Witterung fangen eingeweichte Zuckerrübenschnitzel leicht zu gären an. Man darf vergorene Zuckerrübenschnitzel nicht mit anderen Futtermitteln mischen, weil das Pferd dann alles verweigert. Die Eimer, in denen man die Zuckerrübenschnitzel einweicht, müssen täglich ausgebürstet werden, so daß keine Gärung stattfindet.

Öl ist auch sinnvoll für mäkelige Fresser, die nur kleine Futtermengen aufnehmen. Die Verwendung von Fett verringert hier die Futtermenge, die man geben muß. Man kann auch Futtermittel aussuchen, die ohnehin nennenswerte Mengen an Öl enthalten, beispielsweise extrudierte Futter, Nackthafer und einige Müslifutter.

Fette sind auch äußerst nützlich, wenn es um die Fütterung von Distanzpferden geht. Hier scheinen sie die Ausdauer zu erhöhen. Wenn Fette ab dem Beginn des Trainings gefüttert werden, paßt der Stoffwechsel sich an und verwendet als Energiequelle Fettsäuren, so daß Glykogen und Glukose für später aufgehoben werden. Es scheint auch so zu sein, daß Rennpferde, die mit Öl gefüttert wurden, sich nach den Rennen schneller erholen.

Fette als Energiequelle für Hufrehepferde, die wieder in Arbeit genommen werden, verringern die Gefahr einer Überladung des Dickdarms mit löslicher Stärke, weil in der Ration weniger Stärke gebraucht wird.

Die Verfütterung von Fett oder Öl macht ein Pferd nur dann dick, wenn das Pferd mehr Energie erhält, als es verbraucht. Jegliches Futtermittel, das man über den Bedarf hinaus einsetzt, wird zur Gewichtszunahme führen.

Kraftfutter (Mischfuttermittel)

Das Pferd hat sich in den letzten vierzig Jahren vom Arbeitstier zum Freizeitpartner entwickelt. Die Besitzer müssen meistens arbeiten, um ihre Pferde halten zu können, anstatt mit den Pferden zu arbeiten, und die Zeit ist immer knapp. Viele Reiter haben noch nicht viel mit Pferden zu tun gehabt und sind mit der Verfütterung von Einzelfuttermitteln nicht vertraut.

Pferdepfleger schwören, daß man jahrelange Erfahrung in der Fütterung unterschiedlicher Pferde durch nichts ersetzen kann. In der Landwirtschaft nehmen Landwirte, die Einzelfuttermittel einsetzen, normalerweise die Dienste eines Fütterungsexperten und eines Fütterungscomputers in Anspruch, um aus diesen Einzelfuttermitteln unter Berücksichtigung von Eiweiß, Rohfaser, Öl, Vitaminen, Mineralstoffen und Energie einer jeden Komponente eine Futtermischung zusammenzustellen. Dabei wird beachtet, wie weit die eine Komponente

Wenn man bei einer Komponente des Mischfutters unsicher ist, ruft man den Hersteller an und fragt, um was es sich handelt und welche Bedeutung dieser Bestandteil im Futter hat.

die andere verdünnt, welches Grundfutter eingesetzt wird und was die Tiere wiegen. Wie viele Leute, die Pferde füttern, können sich eine solche Mühe machen?

Daher kann es sinnvoll sein, auf kommerzielle Mischfutter zurückzugreifen. Die Zutaten, die in Mischfuttern verwendet werden, stellen im allgemeinen eine Komposition aus den Einzelfuttermitteln dar, die hier bereits aufgeführt wurden; zusätzlich werden aber auch Produkte wie Erbsen, Bohnen, Carobschoten (Johannisbrotkerne), Sojabohnen und Leinsamen eingesetzt. Außerdem werden Nachmehle aus Hafer und Weizen verwendet. Es ist offensichtlich, daß die Mischung dann die Futtereigenschaften aller Rohstoffe widerspiegeln wird.

Sportpferdefutter beispielsweise können hohe Mengen an Mais enthalten und sehr schön aussehen, werden aber wahrscheinlich sehr energiereich sein, weil Mais mehr Energie enthält als Hafer und Gerste.

Man sollte Pferden niemals Mischfutter geben, die für Rinder, Schweine oder Schafe gedacht sind. Die meisten dieser Mischfutter enthalten Wachstumsförderer, die für Pferde giftig sein können.

Der Vorteil von Mischfuttern gegenüber Einzelfuttermitteln liegt darin, daß der Mischfutterhersteller schon all das Rätselraten und die Rezepturgestaltung

> Man sollte nachfragen, ob der Futterlieferant seine Rohstoffe bei sich in der Firma analysieren kann, bevor er sie annimmt und zu einem Mischfutter für Pferde verarbeitet.

übernommen hat und auch alle Rohstoffe analysieren läßt. Was man also auf dem Sackanhänger liest, ist das, was das Pferd auch wirklich bekommt. Die meisten Futtermittelfirmen geben einem auf Nachfrage eine detaillierte Analyse, und Firmen, die Wert auf ihren guten Ruf legen, beschäftigen zumeist Experten für Pferdefütterung, die bei Fragen helfen. Wenn man also ein Pferd mit Futterproblemen hat, kann man es mit einem Anruf beim Futterhersteller probieren.

Einer der Hauptkritikpunkte an Mischfuttern wird von Leuten geäußert, die eher traditionell füttern. Sie sagen, daß es mit Mischfuttern schwer ist, unterschiedliche Pferde im gleichen Stall unterschiedlich zu füttern, was sehr wichtig sein soll. Das ist bis zu einem gewissen Grad richtig, aber alle Pferde haben grundlegend dasselbe Verdauungssystem und einen ähnlichen Bedarf an Vitaminen, Mineralstoffen und Energie (abhängig von Größe und Arbeitsbelastung). Außerdem kann man mit Mischfuttern sehr wohl individuell auf Pferde eingehen. Als weiterer Nachteil wird aufgeführt, daß die Komponenten im Fertigprodukt für den Verbraucher nicht mehr zu identifizieren sind.

Die Palette der Mischfutter reicht von energiearmen Ponyfuttern über Rennpferderationen, Sportpferdemischungen und Hochleistungsfutter bis zu den speziell formulierten Rationen für Zuchtpferde, Jungpferde und Fohlen und zu den Ergänzungsfuttermitteln für Hafer.

Lesen des Sackanhängers

Futtermittelhersteller sind gesetzlich verpflichtet, die Gehalte an Eiweiß, Rohfaser, Rohasche, bestimmten Vitaminen und Mineralstoffen in einem Futter zu deklarieren (was genau deklariert werden muß, ist je nach Futter unterschiedlich). Das Energieniveau müssen sie nicht deklarieren, obwohl das für die Fütterung von Pferden von größerer Bedeutung ist als der Eiweißgehalt.

Die Hersteller listen die Komponenten so auf, daß die am meisten vertretene zuerst aufgeführt wird und die weniger vertretenen weiter unten. Einige Hersteller verwenden Gruppennamen, um zu verbergen, was im Futter enthalten ist.

Man sollte auf das Mindesthaltbarkeitsdatum achten, das die Hersteller laut Gesetz auf dem Futter angeben müssen. Ab diesem Zeitpunkt verlieren die Vitamine allmählich ihre Wirksamkeit.

Pellets

Für die Herstellung von Pellets werden die Zutaten zu Pulver vermahlen, mit etwas Melasse vermischt, damit sie zusammenhalten, und unter hohem Druck durch eine Matritze gedrückt, so daß die typische Form entsteht.

Pelletierte Futter haben verschiedene **Vorteile:**
- Die Pferde können bestimmte Zutaten, die sie vielleicht nicht mögen, nicht einfach liegenlassen.

- Die Zutaten werden gleichmäßig miteinander vermischt, so daß die Ration gleich bleibt.
- Die Zusammensetzung bleibt gleich, so daß man immer von allem die gleiche Menge füttert.
- Wenn sie richtig hergestellt sind, stauben sie kaum.
- Sie sind nicht so füllig wie Müslifutter und brauchen damit weniger Lagerraum.
- Sie sind nicht so aufwendig in der Herstellung wie Müslifutter und damit normalerweise billiger.
- Weil sie dichter sind, benötigen sie im Vergleich zu Einzelfuttern oder Müslifuttern weniger Volumen – das kann nützlich sein, wenn man das Volumen der Futteraufnahme verringern will, etwa in den letzten drei Monaten der Trächtigkeit.

Zu den **Nachteilen** gehören:
- Pellets erfordern weniger Kauarbeit als Müslifutter. Da Pferde nur dann Speichel produzieren, wenn sie tatsächlich kauen, können durch Pellets leichter Schlundverstopfungen entstehen, weil die Bissen weniger gleitfähig sind. Man kann die Pellets mit Heuhäcksel zusammen verfüttern, so daß sie langsamer aufgenommen und besser eingespeichelt werden. Das Risiko der Schlundverstopfung ist dann geringer.
- Man weiß nicht genau, was in den Pellets drin ist und muß daher entweder den Sackanhänger sorgfältig lesen oder beim Hersteller nachfragen.

Eine Schaufel Müslifutter wiegt 1 kg, eine Schaufel Pellets 1,8 kg. Man muß das Futter also genau abwiegen und nicht nach Schaufeln füttern, wenn man sichergehen will, daß man die richtige Menge gibt.

Müslifutter

Müslifutter bestehen im allgemeinen aus einer Mischung von mikronisiertem (geflocktem) Getreide, Erbsen und Bohnen und beinhalten auch kleine Pellets, die normalerweise Vitamine und Mineralstoffe enthalten. Damit die Mischung nicht staubig wird und die einzelnen Komponenten sich nicht entmischen, wird Melasse oder Sirup zugefügt.

Vorteile:
- Das Mikronisieren baut die Getreidestärke teilweise ab und macht sie für das Pferd leichter verdaulich. Auf diese Art kommt weniger unverdaute Stärke in den hinteren Darmabschnitten an.
- Zum Kauen von Müslifutter brauchen Pferde länger als für Pellets, so daß mehr Speichel produziert wird und das Futter langsamer in den Magen geleitet wird.
- Mäkelige Fresser mögen Müslifutter oft lieber.
- In einem Müslifutter kann man einzelne Zutaten identifizieren.
- Hohe Ölmengen sind leichter unterzubringen als in Pellets, und Öl ist eine gute Energiequelle.

Lagerung von Kraftfutter

Man kann das Futter in Plastik- und Metalltonnen oder in alten Gefriertruhen lagern. Sie sollten in einem kühlen Gebäude stehen.

Es empfiehlt sich, die Tonnen und die Tonnendeckel mit Aufschriften zu versehen, so daß man weiß, welches Futter darin ist. Falls man einmal nicht selbst füttern kann, ist damit das Risiko minimiert, daß andere Personen das Falsche geben. Diese Maßnahme sollte, zusammen mit einer Liste aller Pferde und ihrer Rationen auf einer abwischbaren Tafel, eigentlich allen Problemen dieser Art vorbeugen.

Verfütterung von Kraftfutter

Die goldene Regel lautet: wenig und oft. Zwei bis drei kleinere Mahlzeiten sind wesentlich vorteilhafter als eine große Mahlzeit.

Getreide mischt man mit Heuhäcksel, um die Wirkung auf den Darm zu ver-dünnen und damit die Verdauung zu verbessern. Da Pferde eine innere Uhr haben, sollten regelmäßige Futterzeiten eingehalten werden. Möhren und anderes Saftfutter verführen vorsichtige Fresser und machen gierige etwas langsamer. Mehrere große Kiesel im Futtereimer verlangsamen die Freßgeschwindigkeit ebenfalls, weil das Pferd nicht so leicht an sein Futter herankommt. Es darf dem Pferd nicht möglich sein, den Kiesel hinauszuwerfen. Zuerst gibt man etwas Heu, weil das Pferd danach nicht mehr ganz so viel Appetit hat und sein Futter vielleicht nicht so herunterschlingt.

Gutes Futter ist teuer:
- Gesunde Zutaten von hoher Qualität sind teuer.
- Maschinen für genaues Wiegen, Mischen und Verarbeiten sind teuer.
- Ausrüstung für Analytik ist teuer.
- Fütterungsexperten und andere Leute, die wissen, worum es geht, müssen bezahlt werden.

Also muß man für Qualitätsfutter auch mehr bezahlen. Futter minderer Qualität sind billiger zu haben, aber auch schlechter.

Geräte zum Füttern

Plastikeimer

Zur Benutzung als Futtereimer sollte man sie in Gummireifen oder in passende Halter stellen und die Griffbügel entfernen. Pferde werfen ihr Futter oft aus Frustration aus dem Eimer, so daß es zu Verschwendung kommen kann.

Eckfutterkrippen

Sie sind ideal, solange das Pferd nicht eines von den Neugierpferden ist, die ständig über die Tür schauen müssen und dabei Futter zerstreuen. Das große Volumen solcher Krippen ermöglicht es unter anderem auch, eine beachtliche Menge Häcksel zu füttern. Manche Pferdehalter bevorzugen auf Brusthöhe angebrachte Krippen, weil diese dem Pferd helfen sollen, sich im Genick zu biegen und Halsmuskeln zu entwickeln.

Türkrippen

Sie eignen sich ideal für Pferde, die immer sehen müssen, was los ist. Bei Pferden, die ausschlagen, weil man das Futter nicht schnell genug bringt, erspart diese Methode das Betreten der Box und macht die Versorgung sicherer.

Behälter am Boden

Solche Behälter kann man verwenden, wenn sie genügend Volumen haben, ausreichend gesichert sind und keine scharfen Kanten aufweisen. Sie ermöglichen es dem Pferd, in einer natürlichen Haltung zu fressen.

Alle Behälter sollten mit Zahlen versehen oder durch die Farbe zu unterscheiden sein, damit jedes Pferd seine eigenen hat. Sie sollten täglich ausgewaschen werden, um Futterreste zu entfernen. Dabei achtet man außerdem auf Löcher, Beulen und scharfe Kanten.

Weitere nützliche Ausrüstung

- Man kann eine Scheuerbürste am Wasserhahn aufhängen, die man zum Säubern der Futtereimer benutzt.
- In der Futterkammer sollten Besen, Kehrschaufel und Handfeger bereitliegen, so daß man verschüttetes Futter aufkehren kann.
- Eine Tonne (oder vielleicht auch nur ein leerer Sack) sollte in der Futterkammer stehen, um leere Säcke, Papier, Stücke von Schnur und das Aufgefegte vom Boden zu entsorgen.

- Eine Waage ist zur Bemessung der Futterration recht nützlich.
- Ein Notizblock und ein festgebundener Stift sind ebenfalls hilfreich, um Nachrichten hinterlassen zu können.

- Man muß aufpassen, daß einem das Futter nicht ausgeht, aber gleichzeitig darauf achten, daß man in den Futtertonnen kein neues Futter oben auf das alte gibt.

Das Pferd auf der Weide

Pferde sind Herdentiere, die gerne umherschweifen. Alle Pferde sollten täglich so lange Auslauf haben, wie es nur irgend geht. Wenn man ein Pferd 22 von 24 Stunden im Stall hält, ist das so ähnlich, als ob wir uns tagein, tagaus und monatelang Tag und Nacht in einem Klassenzimmer oder einem Büro einsperren würden: da würden wir auch Verhaltensstörungen bekommen!

Die Weide ist ein wichtiger Bestandteil in der Umgebung eines Pferdes. Man sollte ebensoviel Zeit damit verbringen, die Weide zu kontrollieren, wie man für jeden anderen Aspekt der Pferdepflege aufbringt. Wenn Pferde Glück haben, kommen bis zu 75 Prozent ihrer Nährstoffe aus dem Weidegras.

Einzäunungen und Tore

Es gibt verschiedene Methoden, einen Auslauf einzuzäunen. Die ideale Einzäunung sind Pfosten und Stangen, wenn sie richtig gepflegt werden. Außerdem ist es nötig, die oberste Stange mit einem Bitterstoff zu behandeln, so daß die Pferde sie nicht annagen.

Eine weitere gute Methode ist eine Zaunhecke, die außerdem den Vorteil hat, als Unterschlupf und Schattenspender dienen zu können. Allerdings muß man sie auf giftige Pflanzen überprüfen. Hecken müssen gepflegt werden, damit sie pferdesicher bleiben, und es ist fast immer erforderlich, innerhalb der Hecke noch einen Zaun aufzustellen.

Elektrozäune sind zum Unterteilen von Weiden nützlich, aber nicht als alleiniger Außenzaun.

Schafknotengitter sind alles andere als ideal und für Pferdeausläufe wirklich nicht geeignet, weil Pferde einen Fuß durch die Maschen stecken und sich verhängen können. Ebenso hat Stacheldraht auf einer Pferdeweide nichts zu suchen.

Tore mit Querstangen und Durchsteckangeln sind weit verbreitet und praktisch – aber es gehört ein Vorhängeschloß daran!

Unterstand

Auf der Weide brauchen Pferde einen Unterstand, der im Winter ausreichenden Schutz vor Schnee, Regen und Wind und im Sommer vor Sonne und Fliegen bieten muß.

Hecken und Bäume geben einen gewissen Schutz, verlieren aber im Winter ihre Blätter, was die Wirkung aufhebt. Eine eigens gebaute Weidehütte ist besser. Sie muß mit der Rückseite zur Hauptwindrichtung aufgestellt werden und einen breiten Eingang haben, so daß rang-hohe Pferde ihn nicht verstellen können.

Weidepflege

Gute Weidepflege ist ungeheuer wichtig, wenn Pferde die Weide richtig nutzen sollen. Das Unkraut muß unter Kontrolle gehalten werden: Brennesseln, Disteln, Ampfer, Hahnenfuß, Fingerhut, Vogelmiere und Moos reißt man heraus.

Noch wichtiger ist es, nach Giftpflanzen Ausschau zu halten, wie zum Beispiel nach Kreuzkraut, das Leberschäden ver-ursacht (Pferde fressen es auch getrocknet, also auch das Heu überprüfen). Eiben sind extrem gefährlich und bereits in kleinsten Mengen tödlich, ebenso Goldregen, Tollkirsche und einige Farnarten sowie weitere Pflanzen, über die man sich in entsprechenden Fachbüchern informieren sollte. Bei Unsicherheit nimmt man eine erfahrene Person mit auf die fragliche Weide.

Man sollte lernen, Giftpflanzen zu erkennen. Es lohnt sich, ein Bestimmungsbuch mit guten Bildern zu kaufen und es mitzunehmen, wenn man die Weide überprüft.

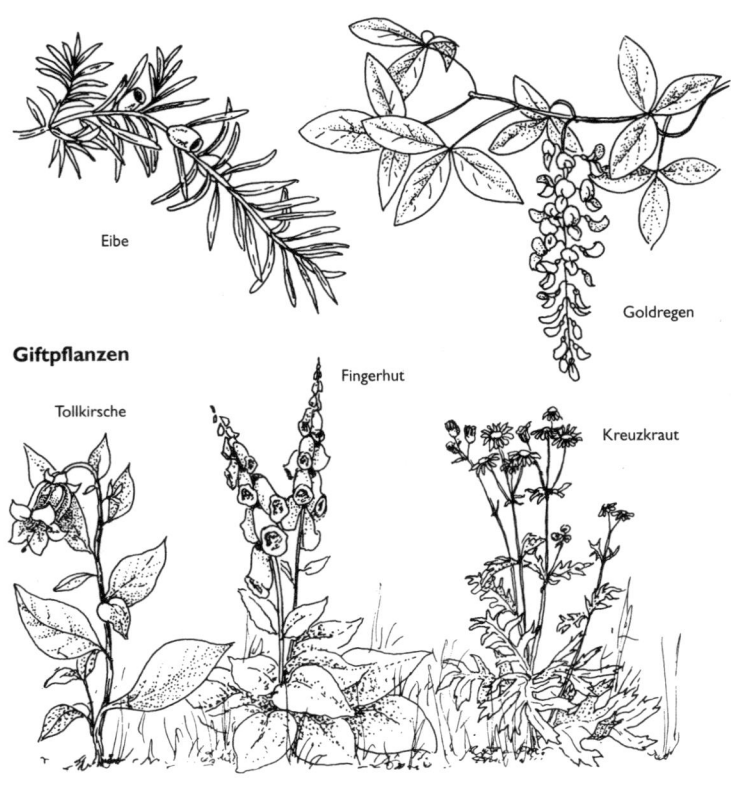

Eibe

Goldregen

Giftpflanzen

Fingerhut

Tollkirsche

Kreuzkraut

Idealerweise sollte man pro Pferd einen halben bis anderthalb Hektar Weidefläche haben. Dadurch kann man Teile der Weide auszäunen und ruhen lassen.

Die Gräserarten, die man auf der Weide sehen will, hängen auch davon ab, ob man einen Teil der Fläche zum Heumachen nutzt. Gute Gräser sind Weidelgräser, Schwingelarten und Wiesenlieschgras. Weißklee ist nützlich, aber man muß aufpassen, daß er bei Trockenheit das Gras nicht unterdrückt. Er kann im Wuchs sehr schwierig zu kontrollieren sein.

Dünger und Unkraut-vernichtungsmittel

Für den Gebrauch auf Pferdeweiden gibt es speziell entwickelte Dünger, die man anstelle anderer Produkte benutzen sollte. Diese Dünger enthalten weniger Stickstoff als solche für Kuhweiden oder Sportplätze. Wenn man Zweifel hat, fragt man im nächsten Landwirtschaftsamt nach oder spricht mit einer spezialisierten Düngemittelfirma.

Nach dem Düngen oder Nachsäen kann es notwendig sein, die Wiesen zu eggen oder zu walzen.

Parasitenkontrolle

Wurmbekämpfung ist sehr wichtig, weil die Weide ein Bestandteil des Lebenszyklus der Würmer ist. Um das Risiko der Wurmverseuchung zu verringern, sollte man die Pferdeäpfel regelmäßig absammeln, die Weiden ruhen lassen und sie nicht zu intensiv beweiden. Im Idealfall borgt man sich Schafe oder Kühe und

Wenn auf der Weide Unkraut wächst, steht weniger Gras zur Verfügung. Unkraut und Giftpflanzen reißt man aus.

Unkräuter

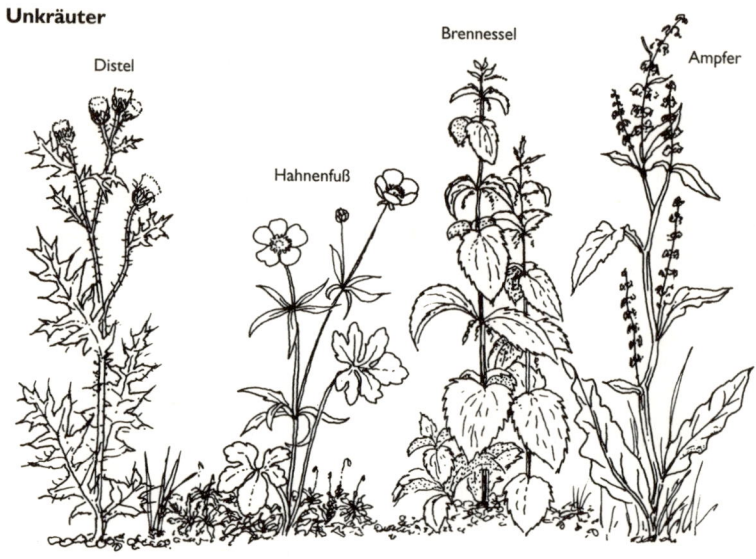

Distel

Hahnenfuß

Brennessel

Ampfer

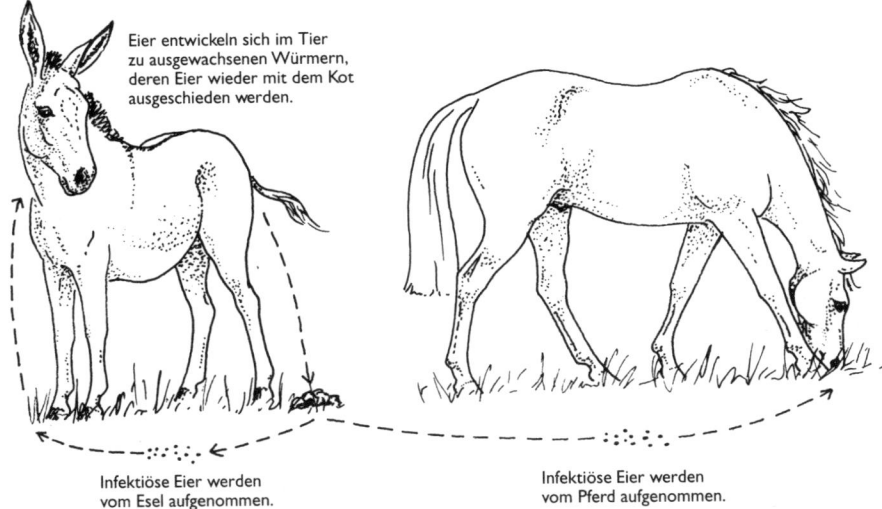

Eier entwickeln sich im Tier zu ausgewachsenen Würmern, deren Eier wieder mit dem Kot ausgeschieden werden.

Infektiöse Eier werden vom Esel aufgenommen.

Infektiöse Eier werden vom Pferd aufgenommen.

Oben: Die Pferdeäpfel sind die Hauptquelle für Würmer. Sie regelmäßig abzusammeln, ist ein wesentlicher Bestandteil der Wurmbekämpfung.

Unten: Der Lebenszyklus des Lungenwurms. Der Lebenszyklus kommt nach der Aufnahme durch das Pferd zum Stehen, weil sich in Pferden nur wenige Eier zu erwachsenen Würmern entwickeln, die Eier legen können.

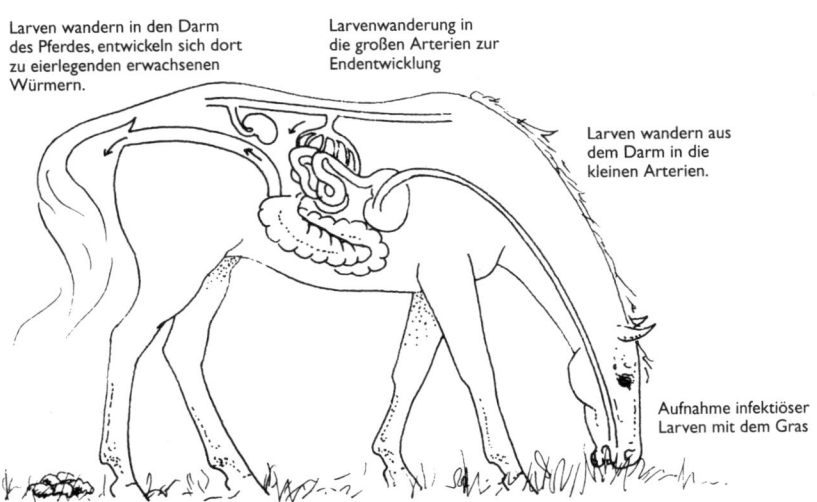

Larven wandern in den Darm des Pferdes, entwickeln sich dort zu eierlegenden erwachsenen Würmern.

Larvenwanderung in die großen Arterien zur Endentwicklung

Larven wandern aus dem Darm in die kleinen Arterien.

Aufnahme infektiöser Larven mit dem Gras

Grassorte	Welsches Weidel- gras	Deutsches Weidel- gras	Knaul- gras	Liesch- gras	Wiesen- schwingel	Riedgras	Weißklee
benötigter Boden	für die meisten Boden- typen geeignet	guter Boden, gute Düngung	trockene Bedin- gungen	guter Boden, kann sich gegen Knaulgras schlecht durch- setzen	ganz ähnlich wie Lieschgras	sehr häufig	in Dauer- grünland außer bei Kalk- mangel, gut drainiert
Anbau- zeitraum	für ein bis zwei Jahre	Dauer- grünland und Ackergras	Ackergras	in Mischung mit Schwingel	ganz ähnlich wie Lieschgras	Dauer- grünland	oft im April angesät
Verwen- dung	schnell wachsend, ertrag- reich, gut zum Absamen, als Weide- gras und zur Schnitt- nutzung	gut als Weidegras und zur Schnitt- nutzung, hält sich auf gutem Boden lange	kräftig, tief- wurzelnd, ertrag- reich, aber nicht so schmack- haft	sehr schmack- haft als Weidegras und Heu	ganz ähnlich wie Liesch- gras	Stengel verlaufen über dem Boden und bilden eine trittfeste Matte	sehr gutes Heu, zur Aussaat mit stickstoff- bindenden Bak- terien beimpfen
maximale Wachstums- phase	Aufwuchs im zeitigen Frühjahr	zeitiges Frühjahr und Sommer, ist aber ausdauernd und bleibt im Winter grün	im Sommer, wenn Weidelgras nicht so stark wächst	Spät- frühling und gesamter Sommer, bleibt im Winter grün	zeitiges Frühjahr bis Herbst, bleibt im Winter grün	spät im Jahr, sehr geringer Ertrag, aber sehr schmack- haft	Spät- frühling und Sommer
Blatt	Oberseite stumpf und gerippt, Unterseite glänzend.	wie beim Welschen Weidelgras	hellgrün, rauher Rand	hellgrün	wie Welsches Weidelgras	lang und schmal	drei Blättchen, spitz zulaufend und mit gesägtem Rand
Halm- basis	rot	rot	hell	braun, kann verdickt sein	rot	kriechend	grün (Blüte violett, blau)
Oberfläche	glatt	glatt	rauh	glatt	glatt	glatt	glatt
Wuchs- form	horst- bildend	horst- bildend	horst- bildend	horst- bildend	horst- bildend	Stolonen (wie Erd- beeren)	horst- bildend

läßt die Pferde abwechselnd mit diesen weiden.

Egal wie gut die Weideführung ist, man wird sein Pferd trotzdem noch entwurmen müssen. Auf der Weide kann ein Pferd Dasseln, Spulwürmer, Zwergfadenwürmer, Bandwürmer, Lungenwürmer, Palisadenwürmer und Pfriemenschwänze aufnehmen.

Man sollte sich mit seinem Tierarzt über ein wirkungsvolles Entwurmungsprogramm beraten. Instinktmäßig vermeiden Pferde es, zu nahe an den Stellen zu grasen, an denen sie ihren Kot vor kurzer Zeit abgesetzt haben. Bis zu 50 Prozent der Weidefläche können durch solche Geilstellen verlorengehen, die bis zu 15mal so hoch mit Würmern verseucht sind wie das kurzgefressene Gras.

Die Geilstellen zu eggen oder abzuschleppen hat keinen Sinn, sondern ist sogar schädlich, denn dadurch verteilt man mit dem Mist auch die Parasiten großflächig und vergrößert damit das Problem.

Eine hochwertige Weide versorgt ein gesundes, erwachsenes Pferd bei leichter Arbeit vom Frühjahr bis in den Spätherbst mit Energie und Eiweiß, vorausgesetzt, es stehen nicht zu viele Pferde auf der Weide. Ein Ergänzungsfutter ist trotzdem wichtig.

Man sollte das Gras nicht zu hoch und damit nicht zu alt werden lassen. Hohes Gras wird normalerweise nicht gefressen, sondern zertrampelt, während das Pferd auf der Suche nach schmackhafteren Stellen ist. Altes Gras wird nährstoffarm.

Wenn man nur eine kleine Weide hat, kann man eine Motorsense benutzen, um das Gras zu mähen (auf Brennesseln achten!). Frisches, wachsendes Gras ist schmackhafter, also sollte man das lange, abgeschnittene entfernen.

Welsches Weidelgras   Deutsches Weidelgras

Knaulgras

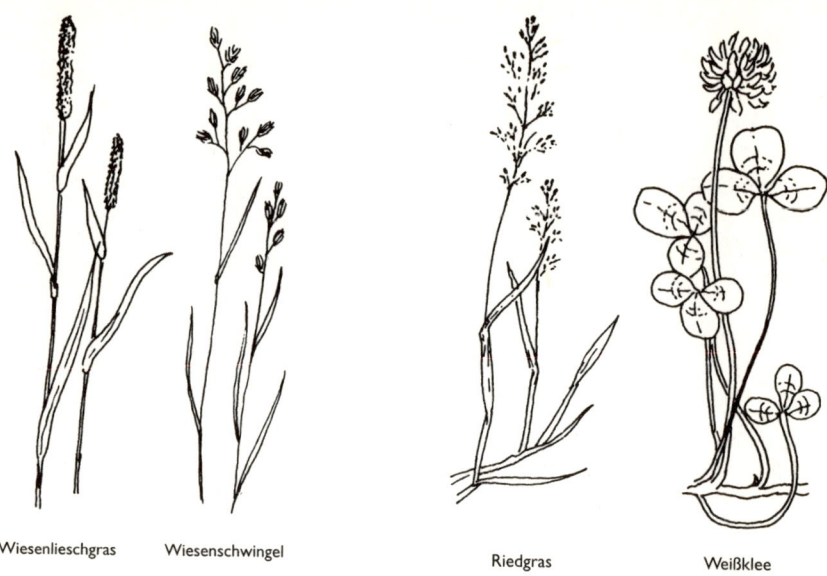

Wiesenlieschgras   Wiesenschwingel   Riedgras   Weißklee

Stehen größere Flächen zur Verfügung, läßt man das lange Gras von einem befreundeten Bauern abmähen, der es unter Umständen noch für die Fütterung von Kühen, Schafen oder Ziegen verwenden kann. Alternativ dazu und idealerweise bringt man die Pferde nach dem Entwurmen auf eine andere Fläche und läßt das Gras durch Schafe oder Rinder abfressen. Das Gras sollte nicht zu tief verbissen werden, weil sonst mehr Würmer aufgenommen werden, Zahnprobleme auftreten und das Risiko einer Sandkolik bei entsprechenden Böden steigt.

Ergänzungsfutter

Früher wurde die Pferderation natürlich ergänzt. Weiden und Hecken steckten voller wildwachsender Kräuter und »Unkräuter«, die Mineralstoffe und Vitamine enthalten; Erde enthält Mineralstoffe, und auch auf Baumrinde trifft das zu.

> Ergänzungsfutter, die nur Biotin enthalten, sind meist nicht teuer. Es scheint aber so zu sein, daß Biotin nur wirksam ist, wenn auch Kalzium, Methionin und Zink anwesend sind.

Kräuter

Die natürlichsten Ergänzungsfuttermittel, die man heute erhalten kann, sind Kräuter. Sie haben die unterschiedlichsten Eigenschaften. Teilweise werden ihnen von den Herstellern auch medizinische Eigenschaften zugesprochen. Man sollte sich vor Kräutern oder Futterzusätzen hüten, die angeblich Krankheiten beheben können. Die Hersteller dürfen diese Behauptung von Gesetzes wegen wahrscheinlich gar nicht aufstellen, und es ist wahrscheinlich unmöglich, sie wissenschaftlich zu untermauern.

Es kann nötig erscheinen, die Ration mit Kräutern aufzuwerten, wenn das Pferd nur ein begrenztes Weideangebot zur Verfügung hat, minderwertiges Heu bekommt, wenig Kraftfutter frißt, ein struppiges Fell oder ein Verhaltensproblem hat. Wenn das Problem langwierig oder man sich unsicher über den Grund ist, ruft man den Tierarzt, bevor man es mit Kräuterfuttern versucht.

Zu den Kräutern, die in Mischungen häufiger eingesetzt werden, gehören die folgenden:

- **Baldrian:** beruhigend, herzstärkend, gegen Depressionen
- **Bärenklau:** beruhigend, verdauungsfördernd
- **Fenchel:** harntreibend, schleimlösend, entkrampfend
- **Hagebutte:** abführend, harntreibend, zusammenziehend
- **Kamille:** beruhigend, schmerzstillend
- **Knoblauch:** antibiotisch, insektenvertreibend
- **Lauchhederich:** gegen Husten, gegen Asthma
- **Lavendel:** stärkend, krampflösend
- **Löwenzahn:** abführend, stärkend
- **Melisse:** krampflösend, stärkend, verdauungsfördernd
- **Pfefferminze:** stärkend, krampflösend, insektenvernichtend
- **Thymian:** harntreibend, schleimlösend
- **Weiße Taubnessel:** gefäßverengend

Manche Hersteller senden mittlerweile regelmäßig Blut- und Harnproben von Pferden, die ihre Kräuterfutter bekommen, zur Analyse ein, während andere mit Tierärzten zusammenarbeiten. Das sind vielversprechende Entwicklungen.

Wissenschaftliche Arbeit mit Kräutern ist schwierig, weil viele der Wirkungen nur durch subjektive Beobachtungen definiert sind. Zum Beispiel erwartet man, daß ein Pferd ruhiger ist, wenn man ihm eine beruhigende Mischung gefüttert hat – also bemerkt man auch genau das.

Wenn man von jemandem erfahren hat, daß die Kräuter geholfen haben und das eigene Pferd ein ähnliches Problem hat, kann man das Mittel ausprobieren.

Man sollte verschiedene Kräuterfutter nicht willkürlich mischen, weil manche Kräuter mit anderen reagieren und manche in größeren Mengen gefährlich sein können.

Andere Ergänzungsfutter

Wenig arbeitende Pferde benötigen selten eine Ergänzung ihrer Ration. Wenn das Pferd allerdings Streß ausgesetzt ist, nur im Stall gehalten wird, Silagen bekommt, viel geritten wird, viel schwitzt, nur wenig Weidegang hat oder wenn die Böden, von denen das Futter stammt, bekanntermaßen einen Mangel an bestimmten Stoffen haben, können Ergänzungsfutter ihre Berechtigung haben. Sie sind ebenfalls nützlich zur Fütterung von Stuten und Fohlen oder wenn Einzelfuttermittel eingesetzt werden. Neben fertigen Mischungen werden auch folgende, einzeln zu verabreichende Ergänzungsfuttermittel eingesetzt:

Salz: Jedes Pferd sollte ganzjährig einen Salzleckstein zur freien Verfügung haben.

Lebertran: Er stellt eine nützliche Quelle für Vitamin A, D und E dar, vor allem im Winter.

Apfelessig: Er kann helfen, bei den entsprechenden Pferden die Symptome der Arthritis zu lindern.

Probiotika: Sie bestehen aus einer Mischung lebender Bakterien, die bei der Wiederbesiedelung der hinteren Darmabschnitte nach Verdauungsstörungen hilfreich sind.

Hefen: Die Wirkung von Hefen ist bei Pferden wissenschaftlich überprüft worden, wobei bewiesen werden konnte, daß sie in den hinteren Darmabschnitten stabilere Verhältnisse schaffen. Sie erhöhen die Menge der rohfaserverdauenden Bakterien und tragen damit zur Verbesserung der Rohfaserverdauung bei. Die meisten Pferde profitieren von Hefen (Saccharomyces cerevisiae) in der Ration.

Vor dem Kauf von Ergänzungsfutter ist es wichtig, den Sackanhänger zu lesen, damit man weiß, welche Mengen von den jeweiligen Vitaminen und Mineralstoffen enthalten sind. Die Angabe muß in sinnvollen Einheiten erfolgen, nicht pro Kilogramm.

Kosten: Die Kosten pro Tag sind viel aussagekräftiger als die Kosten pro Dose.

Die Vitamine A und D lassen sich billig einbringen, ebenso Kalzium. Teuer sind dagegen Vitamin E und Phosphor.

Mengen: Manche Ergänzungsfutter enthalten weniger Vitamine und Mineralstoffe als Mischfutter. Man sollte also prüfen, wieviel in einem Kilogramm Ergänzungsfutter enthalten ist, verglichen mit der gleichen Menge Mischfutter.

Krankheiten

Nachdem besprochen wurde, wie man füttert und welche Futtermittel zur Verfügung stehen, sollen nun die Risiken aus falscher Fütterung und Haltung für das Pferd dargestellt werden. Dazu muß man sich vergegenwärtigen, wie sehr der Mensch durch die Domestikation die Umweltbedingungen des Pferdes verändert hat. So können leicht Probleme entstehen, selbst wenn es bei oberflächlicher Betrachtung so aussieht, als ob man alles richtig mache.

Hufrehe

Hufrehe ist eine häufige Ursache für Lahmheiten und Nutzungsausfälle bei Pferden und Ponys. Bei dieser Erkrankung wird der normale Blutfluß zum Huf unterbrochen. Das ist ungefähr so, als würde der Huf einen Herzinfarkt erleiden.

Dabei werden die Blättchenstrukturen im Huf zuerst geschädigt. Diese Blättchen halten das Hufbein und die äußere Hufkapsel zusammen. Das Hufbein trägt das gesamte Pferdegewicht. Wenn die Blättchen sich auflösen, wird das Hufbein nicht mehr in der richtigen Lage gehalten und fängt an, nach unten zu kippen.

Alle vier Hufe können betroffen sein, meist sind es aber nur die Vorderhufe.

Anfangs scheint es oft nur so, als ob das Pferd oder Pony sich nicht ganz wohl fühlen würde, wobei es ständig das Gewicht von einem Fuß auf den anderen verlagert. Man muß daran denken, daß Pferde normalerweise keine nervösen Bewegungen mit den Vorderbeinen ausführen, daher sind solche Anzeichen ernst zu nehmen. Oft will das Pferd nicht gehen oder traben oder hat gar so große Schmerzen, daß es sich einfach hinlegt. Zu den weiteren Anzeichen gehören ein klopfender Puls im Fesselbereich und warme Hufe. In schweren Fällen (oder wenn man nicht schnell genug handelt) kann sich das Hufbein innerhalb von 24 Stunden so weit verlagern, daß es durch die Hufsohle dringt. Wenn das passiert, muß das Pferd normalerweise eingeschläfert werden. Im günstigsten Verlauf der Krankheit heilen die Blättchen und stellen wieder eine Verbindung zwischen Hufwand und Hufbein her, aber der Huf wird nie wieder so sein wie vor dem Anfall.

Ursachen: Hufrehe wird durch verschiedene Ursachen hervorgerufen.

Ein häufiger Grund sind Ernährungsfehler. Robustpferde brauchen sehr wenig Futter. Sie sind von der Entwicklung her dafür vorgesehen, von spärlichem Buschland und Bergweiden zu leben, nicht aber von fetten Grasweiden. Große

Ein Pferd mit Hufrehe nimmt eine typische Haltung ein.

Vergleich eines normalen Hufs mit einem Rehehuf mit Rotation des Hufbeins.

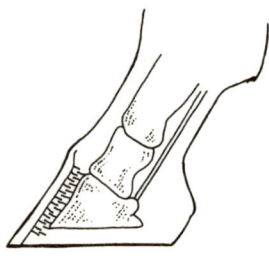

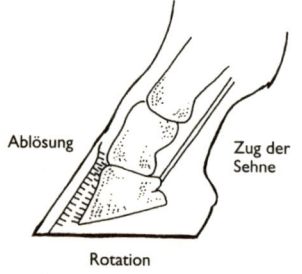

Ablösung

Zug der Sehne

Rotation

Getreidemahlzeiten können ebenfalls Hufrehe auslösen. Dabei werden den hinteren Darmabschnitten große Mengen leichtverdaulicher Kohlenhydrate zugeführt, die zu einem massenhaften Absterben der Nutzbakterien führen und Vergiftungserscheinungen hervorrufen.

Auch andere Vergiftungszustände, bei denen das Pferd insgesamt krank wird (bei denen also Giftstoffe im Blut zirkulieren), können zu Hufrehe führen, etwa Durchfall, Lungenentzündung, Nachgeburtsverhaltung und Kolik.

Ein Anfall von Hufrehe kann ebenfalls nach der Gabe bestimmter Medikamente auftreten und wird durch individuelle, nicht vorhersehbare Überreaktionen des Körpers hervorgerufen.

Tumore der Hirnanhangsdrüse können zum Cushing-Syndrom führen, das wiederum eine hormonell bedingte Hufrehe provozieren kann. Von dieser Erkrankung sind normalerweise ältere Pferde betroffen.

Schließlich gibt es auch mechanische Ursachen für eine Hufrehe. Jedes wiederholte, übermäßige Aufstoßen der Hufe kann zum Zusammenziehen der Blutgefäße im Huf führen. Kutschpferde, die häufig auf hartem Pflaster laufen müssen, leiden an dieser Form der Hufrehe, die aber jedes Pferd befallen kann, das häufig auf hartem Untergrund traben muß.

Eine ernährungsbedingte Rehe wird dadurch hervorgerufen, daß das Verdauungssystem überlastet ist und dadurch die Bakterienpopulation in den hinteren Darmabschnitten verändert wird.

Von der Entwicklung her sind Pferde dazu vorgesehen, 18 von 24 Stunden zu fressen, also häufig und in kleinen Portionen. Infolgedessen haben sie einen kleinen Magen, der leicht überfüllt werden kann. Wenn der Magen überladen ist, wird das Futter sehr schnell durch den Dünndarm gepreßt. Die Enzyme des Pferdes haben dann nicht genügend Zeit, das gesamte Futter richtig zu verdauen, so daß einiges davon unverdaut im Dickdarm ankommt. Alle löslichen Kohlenhydrate (Stärke) sollten im Dünndarm verdaut werden.

Wenn im Dickdarm zuviel unverdaute Stärke ankommt, gibt es Probleme, denn diese Stärke dient dort als Quelle für schnell verfügbare Energie. Sie wird überstürzt abgebaut, und damit wachsen auch die entsprechenden Bakterien schnell. Die rohfaserverdauenden Bakterien müssen dagegen erst die Rohfaser aufbrechen, bevor sie Nährstoffe daraus freisetzen können, so daß sie nur langsam wachsen.

> Nicht die Überfütterung mit Eiweiß ist die Ursache für Hufrehe, sondern die Überfütterung mit löslichen Kohlenhydraten (Stärke) ist aus der Sicht der Fütterung der Hauptgrund.

Während die stärkeverdauenden Bakterien arbeiten, erzeugen sie als Nebenprodukte flüchtige Fettsäuren und Milchsäure. Das führt zu sauren Verhältnissen im Darm. Im günstigsten Fall leidet das Pferd dann vielleicht nur an einer Verdauungsstörung mit leichter Kolik. Die rohfaserverdauenden Bakterien können jedoch unter den sauren Bedingungen nicht überleben und sterben in großen Mengen ab. Dabei reißen ihre Zellwände und setzen Giftstoffe (Endotoxine) frei.

Die sauren Bedingungen schädigen außerdem die Darmwand, so daß die Giftstoffe aus dem Darm in die Blutbahn wandern können. Die Milchsäure kann auch auf passivem Weg in die Blutbahn absorbiert werden, so daß im gesamten Körper saure Bedingungen entstehen (Azidose). Wenn die Giftstoffe einmal in die Blutbahn gelangt sind, wird eine Reaktion eingeleitet, während derer Hormone freigesetzt werden. Eines davon ist Histamin, das die Blutversorgung beeinflußt, so daß Blut aus den Hufen abgezogen wird – hier beginnt das Krankheitsbild der Hufrehe.

Behandlung:

- Sofort Tierarzt und Schmied rufen. Hufe mit Wasser kühlen.
- Die Ursache für die sauren Bedingungen sofort abstellen (z. B. das Pferd von der üppigen Weide holen), denn wenn die Übersäuerung andauert, wird der gesamte Körper vergiftet, so daß das Pferd sterben kann.
- Zur Entfernung der Giftstoffe 24 Stunden lang Kleiemash und gutes Heu füttern; unter der Aufsicht des Tierarztes.
- Alles unterlassen, was dem Pferd weitere Schmerzen verursachen könnte, vor allem keinesfalls bewegen.
- Das Pferd auf eine Rauhfutterration setzen, die viel Rohfaser, wenig Zucker und viel Kalzium enthält.

Es ist sehr wichtig, Pferde mit Hufrehe nicht hungern zu lassen. In diesem Fall bauen die Tiere nämlich Reservefette ab, um ihren Energiebedarf zu decken. Dieses Fett wird sehr schnell mobilisiert, und der Stoffwechsel des Pferdes verändert sich. Größere Mengen an Fettsäuren werden in den Blutstrom abgegeben und können zu einer schweren, oftmals tödli-

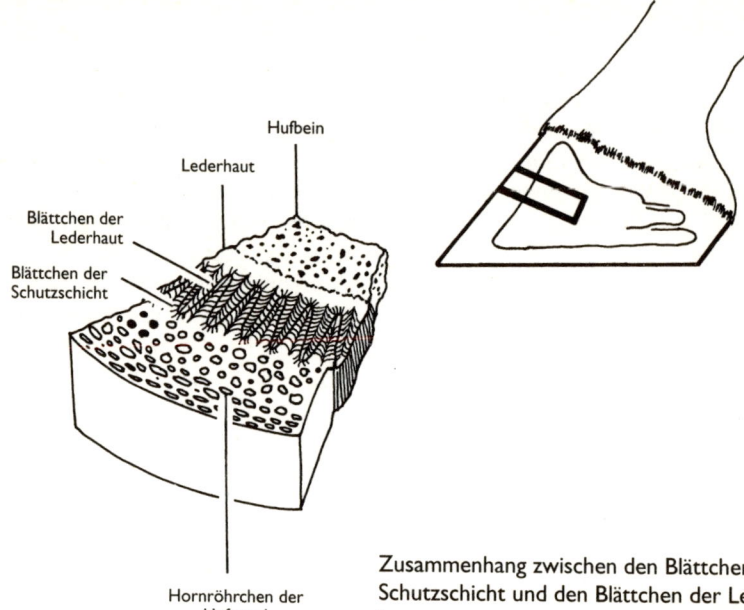

Hufbein

Lederhaut

Blättchen der Lederhaut

Blättchen der Schutzschicht

Hornröhrchen der Hufwand

Zusammenhang zwischen den Blättchen der Schutzschicht und den Blättchen der Lederhaut.

chen Erkrankung führen (Hyperlipämie). Besonders gefährdet sind verfettete Shetlandponys. Aber auch andere Rassen können davon betroffen sein.

Kontrolle und Vorsorge:

Bei einem Pferd, das sich von einem Hufreheanfall erholt (oder bei einem, das rehegefährdet ist), sollte man die folgenden Richtlinien befolgen:

- Größere Mengen Rauhfutter mit niedrigem Futterwert füttern, z. B. Haferstroh.
- Heugabe verringern und statt dessen Stroh geben.
- Sobald das Pferd wieder geritten wird und Kraftfutter benötigt, wählt man eine rohfaserhaltige Futtersorte (Spezialfutter für Ponys) oder Wiesencobs.
- Auslauf überwiegend im Paddock oder Sandauslauf, zunächst kein Weidegang.
- Später überständiges Altgras (rohfaserreich) bevorzugen, mit Elektrozaun portionieren.
- Gemeinsame Beweidung mit Schafen oder Rindern, um das Gras kurz zu halten.
- Erst die Arbeitsbelastung steigern, dann die Futtermenge.
- Wenig und oft füttern, um den Magen nicht zu überladen.
- Nicht überfüttern.

Hufrehe sollte man immer als Notfall betrachten, zu dem sofort ein Tierarzt und ein Hufschmied hinzugezogen werden müssen.

Cushing-Syndrom

Wenn man ein älteres Pferd hat, das den Eindruck macht, das ganze Jahr über sein Winterfell zu behalten, sollte man auf die folgenden Anzeichen achten:
- übermäßige Wasseraufnahme
- häufiges Wasserlassen
- häufiges Schwitzen
- runder Bauch, aber eingefallene Flanken
- anfällig für Hufrehe

Wenn ein Pferd diese Symptome hat, kann es ein Problem mit der Hirnanhangsdrüse haben, das zum sogenannten Cushing-Syndrom führt, und das ist ein Gespräch mit dem Tierarzt wert.

Anforderungen an die Ration für ein Pony mit Cushing-Syndrom:

Wenn bei einem Pony die Diagnose »Cushing-Syndrom« gestellt wird, sollte man ihm täglich 50 g Salz, Zuckerrüben, Sojaöl und so viel Heu und Luzerne geben, wie es mag. Wenn es nicht anfällig für Hufrehe ist, kann auch Getreide in der Ration vorkommen.

Kolik

Kolik bedeutet zunächst nur ein Symptom: Schmerzen im Bauchraum. Dafür gibt es verschiedene Gründe, von denen allerdings nicht alle mit der Fütterung in Zusammenhang stehen. Häufig sind Verstopfungskoliken, Krampf- und Gaskoliken. Als Ursache kommen aber auch Darmverlagerungen und Abschnürungen in Betracht sowie Erkrankungen der Nieren, der Gebärmutter und der Rumpfmuskulatur.

Verstopfungskolik:

Sie tritt auf, wenn stark verholztes Heu gefüttert wird oder das Pferd plötzlich von Gras auf Heu oder, schlimmer noch, auf Stroh umgestellt wird. Auch der abrupte Wechsel von einer kraftfutterbetonten auf eine rauhfutterbetonte Ration kann in dieser Hinsicht problematisch sein.

Die Bakterien im Dickdarm können das Futter nicht verdauen, und dadurch staut es sich dort an, wo der Darm natürliche anatomische Verengungen hat. Das ist für das Pferd schmerzhaft und gefährlich und muß umgehend vom Tierarzt behandelt werden.

Gaskolik:

Die Ursache hierfür kann eine schnelle Vergärung kohlenhydratreicher Futtermittel sein. Dabei werden Gase erzeugt, die nicht aus dem Darm entweichen können und ihn dadurch ausdehnen. Auch dieser Zustand ist für das Pferd sehr schmerzhaft und muß daher schnellstmöglich behandelt werden. Mit Gas überfüllte Darmabschnitte können sich leicht aus ihrer normalen Lage bewegen und zu lebensgefährlichen Darmverschlüssen führen.

Krampfkolik:

Plötzliche Schmerzen im Bauchraum können auch ohne offensichtliche und nachvollziehbare Ursache auftreten. Oft sind dafür nervale Fehlsteuerungen verantwortlich. Auch Krampfkoliken sind aber ein Notfall und müssen umgehend behandelt werden.

Symptome:

Folgendes kann man bei einem Kolikpferd beobachten:

- Es dreht häufig den Kopf in Richtung Flanken.
- Es schwitzt, weil es Schmerzen hat.
- Die Einstreu ist aufgewühlt, weil der Patient unruhig ist, scharrt und sich immer wieder hinlegt.
- Die Pferdeäpfel sind hart und glänzend, oder es werden gar keine produziert.
- Magen und Darm geben übermäßig viele oder gar keine Geräusche von sich.
- Das Pferd verliert den Appetit und frißt nicht mehr.
- Es wälzt sich ständig.
- Es hat erhöhte Temperatur.

Jede Kolik ist ein Notfall und muß schnellstens vom Tierarzt behandelt werden. Wenn man sich an die grundlegenden Fütterungsregeln für Pferde hält, kann man einem Teil der häufigen Koliken gut vorbeugen.

> Bei Verdacht auf Kolik grundsätzlich sofort den Tierarzt rufen. Es gibt keine harmlosen Koliken, jede Kolik kann lebensbedrohlich werden!

Chronische Bronchitis

Bei dieser Erkrankung sind die kleinen Luftwege, die Bronchien, betroffen. Hauptsymptome sind Husten, Nasenausfluß und Leistungsschwächen. Ohne Behandlung und Haltungsumstellung kann daraus die gefürchtete Dämpfigkeit entstehen. Dann wird das Pferd reituntauglich oder muß eingeschläfert werden.

Chronische Bronchitis liegt teilweise in der Fütterung begründet, weil die Hauptursache staubiges Heu ist, wie es leider in manchen Gegenden sehr häufig ist. In Ländern mit warmem, trockenem Klima ist diese Krankheit praktisch unbekannt, teilweise weil die Pferde mehr nach draußen kommen und teilweise weil das Heu gut trocknen kann.

Chronische Bronchitis wird durch eine allergische Reaktion der Lunge verursacht, die auf eingeatmete kleine Staubteilchen, vor allem auf Schimmelpilzsporen, reagiert. Die Schimmelsporen findet man in Heu und Stroh, das nicht richtig getrocknet worden ist. Wenn ein Pferd diese Teilchen einatmet, kann es zu einer Entzündung der kleinen Luftwege, der Bronchien, kommen. Die Wände werden verdickt, es wird Schleim abgesondert und die Muskeln der Lunge ziehen sich krampfartig zusammen, so daß das Pferd nur schwer atmen kann.

Symptome:
Husten: Er tritt oft auf, wenn das Pferd ruht, und wird beim Reiten schlimmer. Manchmal husten die Pferde nur nach dem Galoppieren.

Nasenausfluß: Manchmal ist er nur erkennbar, wenn der Kopf gesenkt wird. Der Grund dafür ist, daß viele Pferde den Nasenausfluß in der Luftröhre abschlucken und dadurch kein Nasenausfluß sichtbar ist.

Erhöhte Atmungsfrequenz: Wenn das Pferd sich zum Atmen anstrengen muß, entwickelt es zusätzliche Muskeln, die als »Dampfrinne« zwischen Bauch und Brustkorb sichtbar werden. Auch in diesem Fall muß man den Tierarzt rufen. Flache, schnelle Atmung ist ein schlechtes Zeichen.

Husten ist nicht normal für Pferde. Wenn ein Pferd also regelmäßig hustet, ist es wichtig, die möglichen Ursachen zu untersuchen. Die Mithilfe des Tierarztes ist dazu unerläßlich.

Behandlung:
Das betroffene Pferd darf keinerlei Kontakt mit Heu und Stroh mehr haben. Wenn möglich, sollte man es auf die Weide stellen. Anderenfalls muß man die Einstreu, den Stall selbst und das Rauhfutter kontrollieren, um sicherzugehen, daß alles staubfrei ist. Wenn man weiterhin Heu füttert, wässert man es und achtet darauf, daß es nicht austrocknet. Wichtig ist, daß gründlich und vollständig gewässert wird. Es sollte berücksichtigt werden, daß manche Nährstoffe im Wasser verlorengehen.

Alternativ dazu kann man Heulage verwenden, die bereits beschrieben wurde. Dabei muß man daran denken, daß sie zu 50 % aus Wasser besteht, so daß man eine ganze Menge füttern muß, damit das Pferd genügend Rohfaser erhält. Außerdem ist der Eiweißgehalt zwar ähnlich wie der von Heu, aber Heulage enthält mehr Energie. Dazu kommt, daß Pferde Heulage gerne und damit oft sehr schnell fressen, was wiederum zum Problem der Langeweile führen kann.

Trockengrün in Form von Wiesencobs oder Alfalfapellets kann anstelle von Heu benutzt werden, die Pferde müssen aber daran gewöhnt sein.

Als Einstreu darf nur sehr sauberes und staubfreies Stroh verwendet werden. Alternativ dazu kann man Sägespäne oder Papierschnitzel einsetzen. Die Einstreu muß richtig gepflegt werden, denn wenn sie feucht wird, können Schimmelpilze

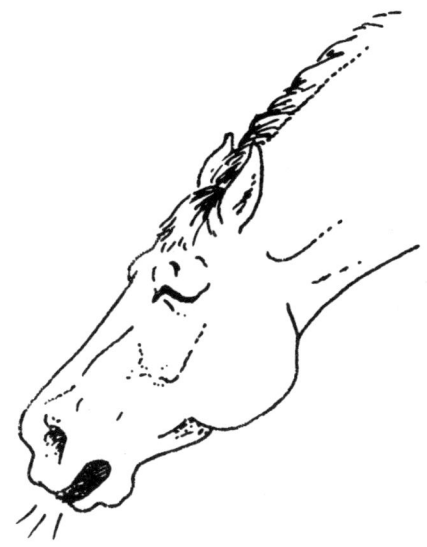

wachsen. Es ist wichtig, durchnäßte Einstreu täglich zu entfernen.

Der Stall muß gut belüftet, darf aber nicht zugig sein. Es ist besser, das Pferd einzudecken, um es warm zu halten, als es in einen stickigen Stall zu sperren.

Der Huster muß mit Abstand zu Pferden stehen, die Heu und Stroh erhalten, denn die Sporen werden leicht zur nächsten Box weitergetragen.

Kreuzverschlag

Diese Erkrankung heißt auch Feiertagskrankheit. Die wirklichen Ursachen sind immer noch nicht eindeutig erforscht, obwohl solche Fälle seit über 100 Jahren bekannt sind. Man kann sie mit schweren Muskelkrämpfen beim Menschen vergleichen. Die Muskeln können dabei geschädigt werden. In schweren Fällen droht ein Nierenversagen.

Symptome:

Die Anzeichen sind Steifheit und veränderte Schrittlänge. Manchmal verkrampft sich das Pferd völlig und ist nahezu bewegungsunfähig.

Mögliche Ursachen:

Diese Erkrankung kann auftreten, wenn Pferde gut gefüttert und dabei nicht genügend bewegt werden. Es können auch Pferde betroffen sein, die beim Reiten stark schwitzen oder deren Muskeln aufgrund konditioneller Schwächen nicht

schnell genug mit Sauerstoff versorgt werden.

Maßnahmen:

- Das Pferd darf nicht unnötig bewegt werden; wenn es weggebracht werden muß, lädt man es besser in einen Hänger, als ihm das Gehen zuzumuten.
- Warmhalten, vor allem die Kruppenmuskulatur eindecken.
- Den Tierarzt sofort rufen.
- Kraftfutter reduzieren oder ganz weglassen.

Anhang

Literatur

BENDER, INGOLF: Handbuch Offenstall-haltung; Franckh-Kosmos, Stuttgart 1992

BENDER, INGOLF: Handbuch Robustpfer-de; Franckh-Kosmos, Stuttgart 1991

DIETZ, O. u. E. WIESNER: Handbuch der Pferdekrankheiten für Wissenschaft und Praxis; Verlag Karger, Basel, München 1982

DLG-Futterwerttabellen für Pferde; DLG-Verlag, Frankfurt a. Main 1984

ENGELMANN, UTA: Welche Haltung für mein Pferd? Franckh-Kosmos, Stuttgart 1994

MARTEN, JENS u. ARMIN SALEWSKI: Handbuch der modernen Pferdehaltung; Franckh-Kosmos, Stuttgart 1989

MEYER, HELMUT: Pferdefütterung; Blackwell, Berlin 1994

WINTZER, HANS-JÜRGEN: Krankheiten des Pferdes; Parey, Berlin, Hamburg 1982

PIRKELMANN, H.: Pferdehaltung; Ulmer, Stuttgart 1991

ZEYNER, ANNETTE: Diätetik beim Pferd; G. Fischer, Jena, Stuttgart 1995

Register